精品课程新形态教材
21世纪应用型人才培养教材
新时代创新型人才培养精品教材

U0807052

前厅服务与管理

QIANTING FUWU YU GUANLI

主编◎苏　莉　韦婉嫕

中国海洋大学出版社
CHINA OCEAN UNIVERSITY PRESS
·青岛·

图书在版编目（CIP）数据

前厅服务与管理／苏莉，韦婉嫕主编．—青岛：中国海洋大学出版社，2024.1
ISBN 978-7-5670-3718-2

Ⅰ．①前…　Ⅱ．①苏…　②韦…　Ⅲ．①饭店-商业服务-高等学校-教材　②饭店-商业管理-高等学校-教材
Ⅳ．①F719.2

中国国家版本馆 CIP 数据核字(2023)第 243355 号

出版发行	中国海洋大学出版社		
社　　址	青岛市香港东路 23 号	邮政编码	266071
出 版 人	刘文菁		
网　　址	http：//pub.ouc.edu.cn		
电子信箱	2880524430@qq.com		
订购电话	010-82477073（传真）	电　　话	0532-85902349
责任编辑	王积庆		
印　　制	涿州汇美亿浓印刷有限公司		
版　　次	2024 年 1 月第 1 版		
印　　次	2024 年 1 月第 1 次印刷		
成品尺寸	185 mm×260 mm		
印　　张	13		
字　　数	291 千		
印　　数	1—10000		
定　　价	39.80 元		

版权所有　侵权必究
告读者：如发现本书有印装质量问题，请与印刷厂质量科联系。
联系电话：010-82477073

《前厅服务与管理》编委会

主　编：苏　莉　韦婉嬷

副主编：蔡夏婷　王　婷　李　敏　徐小桃
曾秀玲　黄良山

前 言

党的二十大报告指出："教育、科技、人才是全面建设社会主义现代化国家的基础性、战略性支撑。"本书紧扣国家战略和党的二十大精神，本着理论够用、技能实用的人才培养原则，注重内容精练、重点突出。

前厅部是现代酒店中的一个重要部门，是整个酒店服务工作的核心，对酒店的市场形象、行业竞争力和经济效益都具有重要的影响。

"前厅服务与管理"是旅游类专业的一门核心专业课程，是培养学生特定职业技能的重要课程模块之一。为了培养学生良好的专业意识和较强的职业技能，适应未来工作岗位群的需要，体现"做中学、做中教""理实一体化"等教育教学理念，在本书的编写过程中，力求突出内容的实用性和可操作性，以职业性、实用性、先进性、规范性为原则，吸收国内外有关前厅服务与管理的新知识、新技能，在保证理论完整性的同时，突出实践性，强调对学生分析问题、解决问题等能力的培养。

本书的编写具有以下特点：

1. 体现专业技能训练与管理能力培养相统一的教学理念。本书形式新颖，内容精练，针对性强，以岗位任务驱动法对学生进行前厅管理与服务技能的强化训练，具有一定的实用价值。

2. 强调动手能力与技能训练。每个任务均根据教学需要，设计出任务工单，强调实践能力的培养。既可帮助教师安排实训项目，又可使学生对操作程序与标准有清晰的掌握。教材的理论知识以够用为度，进一步加强了实践教学的内容，满足学生的需求。

3. 本书的结构体系以"适用于教学需要"为原则，进行编排。每个模块都提供了引例和综合案例，帮助学生理解和掌握所学知识。

为此，我们组织了具有丰富教学实践与教学经验，并在酒店从事过管理工作、具备实际经验的教师编写了本书。编者在编写本书的过程中得到广西华枫酒店管理有限公司、广西广美国际大酒店、广西南宁希尔顿欢朋酒店、南宁市伊制味食品有限公司等企业的帮助和支持，在此一并表示衷心的感谢。

本书可作为高星级饭店运营与管理、旅游服务与管理专业学生用书，也可作为相关行业岗位培训用书。

由于编者水平有限，书中难免有疏漏之处，敬请读者批评指正。

编 者

目录 CONTENTS

模块一　走进前厅

◎思政导读

前厅部是酒店最重要的一线部门之一，它的软硬件水平对酒店总体服务质量有着至关重要的作用。作为前厅员工，我们应该爱岗敬业，不断提升自身的职业素养，能够做到认识前厅、掌握前厅部组织机构和员工职业素养要求，根据前厅部的实际情况，创造性地分析和解决工作中遇到的一系列问题。

知识导图

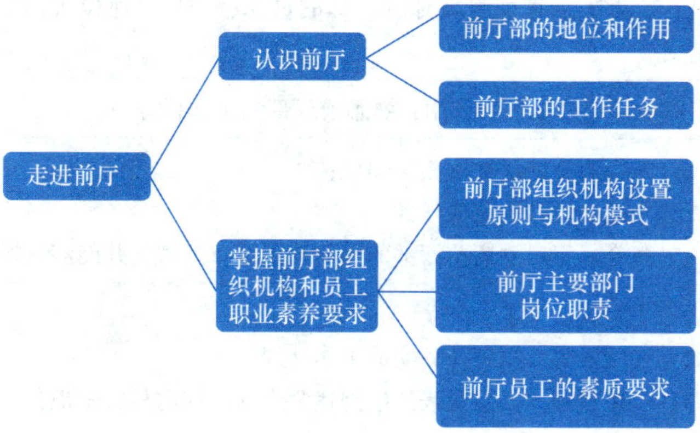

学习目标

知识目标

1. 认识前厅部在现代酒店经营管理中的重要地位和作用。
2. 了解前厅部的组织机构设置与主要岗位职责。

技能目标

能明确前厅各个岗位的职责和任务，能按照酒店的标准来规范自己的仪容仪表。

思政目标

1. 培养学生爱岗敬业的职业素养。
2. 能自觉应用所学岗位素质要求来规范自身学习、工作和日常生活习惯。

任务一　认识前厅

【任务情境】

拉拉毕业于某旅游学校的酒店管理专业。经过层层面试，她幸运地被 X 市一家高级酒店录用，并进入了梦寐以求的部门——前厅部。这一刻，拉拉意识到自己的职业生涯开始了，要谨记老师的教诲，珍惜这难得的机会，更要不懈地努力，相信在不久的将来，自己必定能成为一名优秀的前厅管理人员。

【任务工单】

任务名称	认识前厅		
班级		所属小组	第________小组
工作任务	为了更好地开展工作，前厅经理迫切地想要拉拉了解酒店前厅部的相关知识。于是，他让拉拉通过网络对前厅部的概念、作用、地位等内容进行查询，并进行汇报		
任务目的	了解前厅部的地位和作用；熟悉前厅部的工作任务		
任务实施要求	（1）掌握酒店前厅部的相关知识； （2）小组成员共同完成任务； （3）各个小组对酒店前厅部的相关知识进行整理，并能够流畅阐述		
任务实施步骤	（1）小组成员分工； （2）查阅资料，拟订任务完成工作计划； （3）小组整理并派出代表流畅阐述酒店前厅部的相关知识； （4）制作汇报 PPT； （5）课堂汇报，小组互评； （6）教师点评、总结		
任务成果形式	前厅部相关知识总结汇报		

《知识准备》

酒店前厅（图 1.1）又称为总服务台或称为总台、前台等，是酒店联系宾客的“桥梁和纽带”，是酒店经营管理的“窗口”。前厅部通常是设在酒店的大堂，负责推销酒店产品与服务、组织接待工作、业务调度的综合性服务部门。前厅在酒店管理中具有全面性、综合性和协调性的特征，是酒店的神经中枢。酒店前厅具体负责的工作主要有客人订房、客人登记、客房状况控制、客人账务的结算与审核以及前厅综合性业务管理。前厅部的运转状况，直接反映酒店的服务质量和管理水平，影响酒店的经济效益和市场形象。

图 1.1　酒店前厅

一、前厅部的地位和作用

酒店前厅部是酒店宾客踏入酒店首先接触的部门，也是宾客离店时迈出的最后场所，更是宾客对酒店形成“第一印象”和“最后印象”的地方，因此前厅部的工作人员贯穿宾客与酒店接触及交易往来的全过程。现代酒店对前厅部管理经营与服务的要求越来越高，前厅部的地位和作用更是不容忽视。

（一）前厅部是酒店业务活动的中心

前厅部是一个综合性服务部门，自始至终是为客人服务的中心，从客人抵店前的预订入住，直至客人离店结账，建立客史档案，始终贯穿客人与酒店交易往来的全过程（图 1.2）。客房是酒店最主要的组成部分。前厅部通过客房的销售来带动酒店其他部门的经营活动。为此，前厅部应积极开展客房预订业务，为抵店的客人办理登记入住手续及安排住房，积极宣传和推销酒店的各种产品。同时，前厅部还要及时将客源、客情、客人需求及投诉等信息通报有关部门，共同协调全店的对客服务工作，以确保服务工作的效率和质量。酒店前厅部是向客人提供服务的中心。

图 1.2 综合性服务部门——前厅部

（二）前厅部是酒店的“窗口”，是酒店形象的代表

前厅部通过客房预订、入住登记等业务为客人提供服务，与客人保持密切的联系。前厅工作人员的言谈举止将会给客人留下深刻的第一印象。在客人眼中，前厅工作人员就是酒店的代表，是酒店的门面，是酒店整体形象的重要体现。前厅部的工作直接反映了酒店的工作效率、服务质量和管理水平，直接影响酒店的总体形象。

图 1.3 酒店的“窗口”——前厅部

（三）前厅部是酒店管理机构的参谋，是市场营销机构的助手

作为酒店业务活动的中心，前厅部可以及时收集客人对酒店管理和服务的意见，并反馈到酒店的质检部门，进行针对性分析，这能够为酒店制订今后的发展战略和服务计划提供参考。前厅部的实时经营管理数据和报表，可定期或不定期地按日、月、年提供给酒店决策和营销机构，以此作为制订和调整酒店计划及经营策略的重要依据。前厅部还协助同销售部、财务部制订年度客房营销预算计划，发挥着重要的参谋和助手作用。

（四）前厅部是酒店经营活动的枢纽中心，是酒店收入的重要来源

客房在绝大部分酒店是收入的主体，客房营业收入在全酒店营业收入中所占比例往往最高，所创利润也最高，对全酒店的营业带动性最强。前厅部按规定的服务程序与宾客直接或间接接触，形成了酒店最主要的经营活动部门。可以说没有任何一家酒店不重视前厅部销售客房的经营活动。宾客入住以后，还要进行饮食、购物、娱乐、洗衣等方面的消费，所以重视前厅部的管理，提高前厅部的服务水平，不仅会增加客房的经济收入，还可以增加其他服务设施的收入，进而提高整个酒店的经济效益。

（五）前厅部是对客服务协调中心，是建立良好宾客关系的重要环节

酒店服务质量最终是由宾客做出评价的，评价的标准是宾客的满意度。建立良好的宾客关系有利于提高宾客的满意度，赢得更多的回头客，从而提高酒店的经济效益。前厅部是宾客接触最多的部门，其员工与宾客接触频繁，最容易获知宾客的需求。因此，应尽可能提高宾客对酒店的满意度，以建立良好的宾客关系（图 1.4）。随着酒店的市场逐渐从卖方市场转入买方市场，酒店业的竞争日趋激烈，酒店越来越重视宾客的需求及酒店与宾客之间的关系。在这种情况下，前厅部的工作显得尤其重要。

图 1.4 建立良好宾客关系

二、前厅部的工作任务

前厅部的基本任务就是最大限度地推销客房商品及酒店产品，并协调酒店各部门，向客人提供满意的服务，使酒店获得理想的经济效益和社会效益。

（一）销售客房

前厅部的首要任务是销售客房。客房是酒店最主要的商品，其收入是酒店营业收入的主要来源。因此，前厅部能否有效地销售客房，将影响酒店的经济效益。前厅客房销售的任务由以下四个方面工作组成。

1. 订房推销

前厅部总台设有专门的客房预订部，其主要工作就是预售客房和做好与之有关的售前服

务工作。预订员必须熟练掌握酒店房况、房价政策，能积极主动地与客人达成订房协议。订房成功与否取决于预订员的工作态度、推销技巧及其受训程度。一个酒店的客房预订量越大，则客房销售就越有保证。因此，成功的订房推销是酒店客房销售的重要组成部分。

2. 接待无预订客人

接待无预订客人是向那些未经预订、直接抵店的临时客人销售客房。总台接待员在接待这类客人时，需要表现出良好的推销能力，在使客人享受宾至如归的温馨服务的同时，向客人推销客房及酒店的其他产品与服务。对于酒店客房销售来讲，这种接待推销是十分重要的。

3. 办理入住登记

所有客人住店都必须通过总台办理入住登记手续（图 1.5）。接待员在办理入住手续时，也须表现出良好的推销能力。对于有预订的客人来说，房价、附加费用、店内服务项目的商定，都会对其是否入住产生影响。对于未预订的散客来讲，总台接待员从要进行完整的推销工作。

图 1.5　客人办理入住登记手续

4. 排房、确定房价

客房营业收入取决于销售客房的数量和价格。合理安排客房和正确定价对于酒店的营业收入是十分重要的，这也是前厅部销售客房的重要一环。前厅的接待员应当清楚地认识到这一点，即不仅要注意销售客房的数量和价格，还要注意是否将合适的房间安排给客人。因为酒店销售的并非价格，而是产品和服务，正确地排房有利于提高客房的使用率和客人的满意度，使他们感到物有所值。

总之，客房销售是前厅部的首要任务。客房营业收入是考核前厅部管理及运转好坏的重要依据之一。同样，衡量一位总台服务人员的工作是否出色，往往也要参考其客房推销的能力。可见，前厅部的全体员工应全力以赴地按照确定的价格政策推销出去尽量多的客房，积极发挥销售客房这一重要职能。

（二）提供信息

除了发挥销售客房的功能外，前厅部还应成为提供信息的中心。前厅部是与客人接触最多的部门，每天需要大量的信息来回答客人关心的问题。因此，前厅部必须准确掌握酒店情况，收集市场信息和客人需求信息，并对其进行加工、整理，传递到客房、餐饮等酒店经营部门和管理部门，为其做出决策提供依据。

前厅部的服务人员应始终做好准备，充分掌握和及时更新各种信息，以亲切的态度、对答如流的技能，给宾客提供准确无误的信息。

（三）协调对客服务

酒店是一个多部门组合的系统，各部门既有分工又有协作，是相互联系、互为依赖的有机整体，服务质量的好坏主要取决于客人的满意程度，而客人满意程度是客人对酒店的每一次具体服务所形成的一系列印象的综合。在对客人服务的全过程中，任何一个环节出差错，都会影响到服务质量，影响到酒店的声誉。因此，现代酒店强调统一协调对客人的服务，使分工的各个部门都有效地运转，发挥具体作用，如图 1.6 所示，其中的协调工作，大多数由前厅部承担。为了能使客人享受到高水准的服务，前厅部服务人员应以优质的服务来衔接酒店前、后台之间及管理部门与客人之间的沟通联络工作。

图 1.6　协调对客服务

（四）控制客房状况

1. 协调客房销售与客房管理

协调客房销售与客房管理，一方面是指前厅部必须正确地向销售部提供准确的客房信息，避免超额预订，使销售部工作陷入被动；另一方面是前厅部必须向客房部提供准确的销售额情，以使其调整工作部署。

2. 准确反映酒店的客房销售状态

及时准确地掌握酒店状况，为客房销售提供可靠的依据，也是前厅部的管理目标之一。要做好这项工作，前厅部必须建立健全行之有效的管理制度，切实做好与客房、销售、收银等部门之间的信息沟通工作。

（五）提供各种前厅服务

作为直接向客人提供各类相关服务的前台部门，前厅部服务范围涉及机场和车站接送服务、票务代办服务、商务文秘服务等（图 1.7）。在完成前厅各项服务的过程中，要促使前厅服务与酒店其他服务，如客房服务、餐饮服务、安全服务等共同构成酒店的整体服务，这表现为服务链条的紧密衔接，避免推诿、扯皮或“踢皮球”等现象，强调“服务到位”，使客人对酒店留下满意、深刻的印象。

图 1.7　商务文秘服务

（六）建立客账

目前，大多数酒店为了方便客人、促进消费，向客人提供统一结账服务。客人经过必要的信用证明，查验证件后，可在酒店营业点（商场部除外）签单赊账。前台收款处不断累计客人的消费额，直至客人离店或其消费额达到酒店政策所规定的最高欠款额时，才要求客人付款。要做好这项工作，必须注意建立客人账户、对客人消费及时认真地登记和监督检查客人信用状况这三个环节。

客人账单可以在客人预订客房时建立（记入订金、预付款和信用卡号码）或在其办理入住登记手续时建立。建立客账的目的是记录和监视客人与酒店之间的财务关系，以免酒店发生经济上的损失。前厅部的职责是区别每位客人的情况，建立正确的客账，提供客人以往消费和客人的信用资料，以保持酒店良好的信誉及应有的经营效益。

（七）建立客史档案

由于前厅部为客人提供入住及离店服务，它自然就成为酒店对客服务的调度中心及资料档案中心。大部分酒店为住店一次以上的零星散客建立客史档案。按客人姓名字母顺序排列的客史档案记录了酒店所需要的有关客人的主要资料。这些资料是酒店给客人提供周到的、具有针对性的服务的依据，同时也是酒店寻找客源、研究市场营销的信息来源。所以，前厅部必须坚持规范建档和保存制度化两项原则。

【任务实施】

学生分组讨论前厅部的相关知识，并派出代表对前厅部的工作任务进行详细阐述。

【任务评价】

<table>
<tr><th>序号</th><th colspan="2">考核内容</th><th colspan="2">考核要点</th><th>应得分</th><th>自评分</th><th>互评分</th><th>教师评分</th></tr>
<tr><td>（1）</td><td colspan="2">前厅部的地位和作用</td><td colspan="2">认知明确，重点突出</td><td>20</td><td></td><td></td><td></td></tr>
<tr><td>（2）</td><td colspan="2">前厅部的工作任务</td><td colspan="2">工作内容清晰，正确认知工作要求</td><td>60</td><td></td><td></td><td></td></tr>
<tr><td>（3）</td><td colspan="2">前厅部相关知识总结汇报</td><td colspan="2">汇报内容条理清晰，语言流畅</td><td>20</td><td></td><td></td><td></td></tr>
<tr><td colspan="5">总分</td><td>100</td><td></td><td></td><td></td></tr>
<tr><td colspan="2">小组自评</td><td colspan="7"></td></tr>
<tr><td colspan="2">小组互评</td><td colspan="7"></td></tr>
<tr><td colspan="2">教师评价</td><td colspan="7"></td></tr>
<tr><td rowspan="2">小组成员
个人得分</td><td>姓名</td><td></td><td></td><td></td><td colspan="4"></td></tr>
<tr><td>得分</td><td></td><td></td><td></td><td colspan="4"></td></tr>
<tr><td colspan="2">说明</td><td colspan="7">小组任务得分=小组自评×20%+小组互评×40%+教师评价×40%。
小组成员个人得分由小组长和教师根据个人任务完成中的工作情况评定</td></tr>
</table>

案例阅读

南京某酒店大堂，两位外国客人向大堂副理值班台走来。大堂刘副理立即起身，面带微笑地以敬语问候。两位客人就座后忧虑地讲述起他们心中的苦闷：“我们从英国来，在这儿负责一项工程，大约要三个月，有什么方法能让我们尽快消除陌生感？”刘副理微笑地用英语答道：“感谢两位先生光临我店。这座历史悠久的城市也同样欢迎两位先生的光临。你们英国人的绅士风度也一定会博得市民的赞赏。”熟练的英语所表达的亲切的情谊，一下子拉近了彼此的距离，气氛变得活跃起来。于是外宾更加详细地询问了当地的生活环境、城市景观和风土人情。从长江大桥到六朝古迹，从秦淮风情到地方风味，刘副理无不一一细说。其中的一位马斯先生还兴致勃勃地谈道：“早就听说中国的生肖十分有趣，还有神秘寓意。我是19××年8月4日出生的。”

说者无心，听者有意。两天之后就是8月4日，谈话结束之后，刘副理立即在备忘录上做好记录。8月4日那天一早，刘副理就买了鲜花，并代表酒店在早就预备好的生日贺卡上填好英语贺词，请服务员将鲜花和生日贺卡送到马斯先生的房间。

马斯先生收到珍贵的生日贺礼，倍感温暖，激动不已，连声说道：“谢谢贵店对我的关心，我深深体会到这贺卡和鲜花之中隐含着许多难以用语言表达的情意。我们在南京逗留期间再也不会感到寂寞了。”

案例反思：

上述案例说明，前厅部员工善于捕捉客人的有关信息，职业敏感度高，能够设身处地地仔细揣摩客人的心理状态，在给客人留下美好而深刻印象的同时，既体现了服务人员爱岗敬业的优秀职业素质，也为酒店树立了良好的形象。

【前厅英语】

front office 前厅部
lobby 大堂
front desk/reception 前台/接待处
information 问询处
cashier 收银处
assistant manager 大堂副理
first impression 第一印象
last impression 最后印象

课后作业

一、填空题

1. ________又称为总服务台，或称为总台、前台等，是酒店联系宾客的“桥梁和纽带”，是酒店经营管理的“窗口”。

2. 前厅在酒店管理中具有________、________和________的特征，是酒店的神经中枢。

3. 前厅部的首要任务是________。

4. ________在绝大部分酒店是收入的主体。

5. 所有客人住店都必须通过总台办理________手续。

二、判断题

1. 酒店前厅具体负责的工作主要有客人订房、客人登记、客房状况控制、客人账务的结算与审核以及前厅综合性业务管理。（　　）

2. 前厅部的运转状况，将直接反映酒店的服务质量和管理水平，影响酒店的经济效益和市场形象。（　　）

3. 前厅部是酒店的窗口，是酒店形象的代表。（　　）

4. 酒店服务质量高低的评价标准是客房的售出率。（　　）

5. 建立客史档案的目的是记录和监视客人与酒店之间的财务关系，以免酒店发生经济上的损失。 (　　)

三、问答题

1. 前厅部的地位和作用是什么？
2. 前厅部的工作任务是什么？

任务二 掌握前厅部组织机构和员工职业素养要求

【任务情境】

拉拉进入酒店前厅部上班的第二天，便参加了酒店人力资源部组织的前厅员工职业素养培训。介绍完前厅部概况后，他们要求拉拉熟知前厅服务人员的职业素质要求，明确前厅服务人员的仪表仪容，掌握前厅服务人员的仪态礼仪。

【任务工单】

<table>
<tr><th>任务名称</th><th colspan="3">前厅员工职业素养要求</th></tr>
<tr><td>班级</td><td></td><td>所属小组</td><td>第________小组</td></tr>
<tr><td>工作任务</td><td colspan="3">作为酒店前厅部的服务员，拉拉接到前厅经理布置的一项团队任务。该经理首先介绍了该酒店的规模档次、经营特色及服务要求等，然后要求团队拟定一份前厅部服务员职业素养要求说明书。</td></tr>
<tr><td>任务目的</td><td colspan="3">熟知星级酒店的规模档次、经营特色及服务要求，制定前厅部服务员职业素养要求说明书。</td></tr>
<tr><td>任务实施要求</td><td colspan="3">（1）明确酒店星级与经营特色；
（2）小组成员共同完成任务；
（3）各个小组撰写前厅部服务员岗位的用人标准及职业素养要求，标注最重要的三项要求；
（4）职业素养要求说明书应该包含该岗位的名称、特点、知识要求、技能要求、岗位职责及任职资格等方面的内容；
（5）职业素养要求说明书应符合本餐厅的实际情况，具有可行性</td></tr>
<tr><td>任务实施步骤</td><td colspan="3">（1）小组成员分工；
（2）查阅资料，拟订工作计划；
（3）小组讨论，制定前厅部服务员岗位的用人标准及职业素养要求说明书；
（4）制作汇报 PPT；
（5）课堂汇报，小组互评；
（6）教师点评、总结</td></tr>
<tr><td>任务成果形式</td><td colspan="3">前厅部职业素养要求说明书</td></tr>
</table>

知识准备

《旅游酒店星级的划分与评定》——前厅篇（GB/T14308—2010）

表 1.1 四星级必备项目检查表

序号	项目	是否达标
2.1	区位功能划分合理	
2.2	整体装修精致，有整体风格、色调协调、光线充足	
2.3	总服务台，位置合理，接待人员应 24 小时提供接待、问询和结账服务，并能提供留言、总账单结账、国内和国际信用卡结算及外币兑换等服务	
2.4	应专设行李寄存处，配有酒店与宾客同时开启的贵重物品保险箱，保险箱位置安全、隐蔽，能够保护宾客的隐私	
2.5	应提供饭店基本情况、客房价目等信息，提供所在地旅游资源、当地旅游交通及全国旅游交通信息，并在总台提供所在地中英文交通图、与住店宾客相适应的报刊	
2.6	在非经营区应设宾客休息场所	
2.7	门厅及主要公共区域应有符合标准的残疾人出入坡道，配备轮椅，有残疾人专用卫生间或厕位，为残障人士提供必要的服务	
2.8	应 24 小时接受包括电话、传真或网络等渠道的客房预订	
2.9	应有门卫迎接服务人员，18 小时迎送宾客	
2.10	应有专职行李员，配有专用行李车，18 小时提供行李服务，提供小件行李寄存服务	
2.11	应提供代客预订和安排出租汽车服务	
2.12	应有相关人员处理宾客关系	
2.13	应有管理人员 24 小时在岗值班	

表 1.2 五星级必备项目检查表

序号	项目	是否达标
2.1	区位功能划分合理，空间效果良好	
2.2	装饰设计有整体风格，色调协调，光线充足，整体视觉效果和谐	
2.3	总服务台位置合理，接待人员应 24 小时提供接待、问询和结账等服务，并能提供留言、总账单结账、国内和国际信用卡结算、外币兑换等服务	

续表

序号	项目	是否达标
2.4	应专设行李寄存处，配有酒店与宾客同时开启的贵重物品保险箱，保险箱位置安全、隐蔽，能够保护宾客的隐私	
2.5	应提供饭店基本情况、客房价目等信息，提供所在地旅游资源、当地旅游交通及全国旅游交通的信息，并在总台提供所在地中英文交通图、与住店宾客相适应的报刊	
2.6	在非经营区应设宾客休息场所	
2.7	门厅及主要公共区域应有符合标准的残疾人出入坡道，配备轮椅，有残疾人专用卫生间或厕位，为残障人士提供必要的服务	
2.8	应24小时接受包括电话、传真或网络等渠道的客房预订	
2.9	应有专职的门卫迎接服务人员，18小时迎送宾客	
2.10	应有专职行李员，配有专用行李车，24小时提供行李服务，提供小件行李寄存服务	
2.11	应提供代客预订和安排出租汽车服务	
2.12	应有专职人员处理宾客关系，18小时在岗服务	
2.13	应提供礼宾服务	
2.14	应有管理人员24小时在岗值班	

一、前厅部组织机构设置原则与机构模式

（一）前厅部的组织机构设置原则

1. 组织合理

前厅部组织机构设置、人员配备、职责划分应根据酒店的实际性质、规模大小、地理位置、经营特点及管理方式而定，不宜生搬硬套。例如，规模小的酒店或以接待内宾为主的酒店，可考虑将前厅接待服务划入客房部管辖，不必单独设置，从而避免机构臃肿造成的人力资源浪费。

2. 精简高效

前厅部应遵循“因事设岗、因岗定人、因人定责”，但在防止机构臃肿的同时，不可追求机构的过分简单化，否则会出现职能空缺的现象。

3. 分工明确

前厅部各机构设置明确，各层次与各岗位人员的职责不重复，明确指挥体系并确保信息渠道的高效畅达，避免出现管理职能的空缺、重叠或相互推诿现象。

4. 便于协作

前厅部机构设置要便于前厅部内部各岗位、各环节的协作，而且要有利于与其他部门的协调与合作，要建立工作流程，利于酒店各机构、各岗位之间的协作。

（二）前厅部的组织机构模式

酒店规模大小不同，前厅部的组织机构也有很大区别，这表现在以下三个方面。

1. 大型酒店前厅部的组织机构模式

大型酒店前厅有四个管理层次；不同职能由不同岗位负责；内容多，范围广，如图1.8所示。有的大型酒店设置“房务系统”，由前厅部、客房部、保安部、工程部等二级部门组成，并设立“房务总监”的职位来统揽“房务系统”。

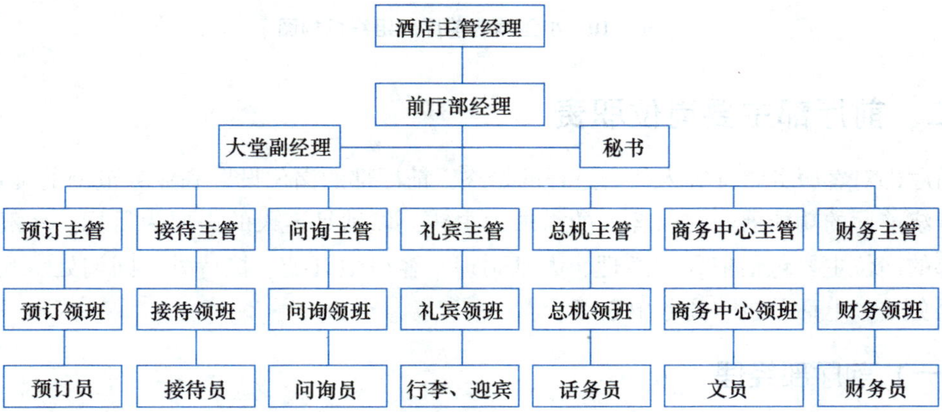

图1.8 大型酒店前厅部组织机构图

2. 中型酒店前厅部的组织机构模式

在一些中型酒店内，通常前厅部是一个与客房部并列的独立部门，直接由总经理负责。这种管理模式中前厅部下设部门经理、领班和服务员三个管理层次，如图1.9所示。

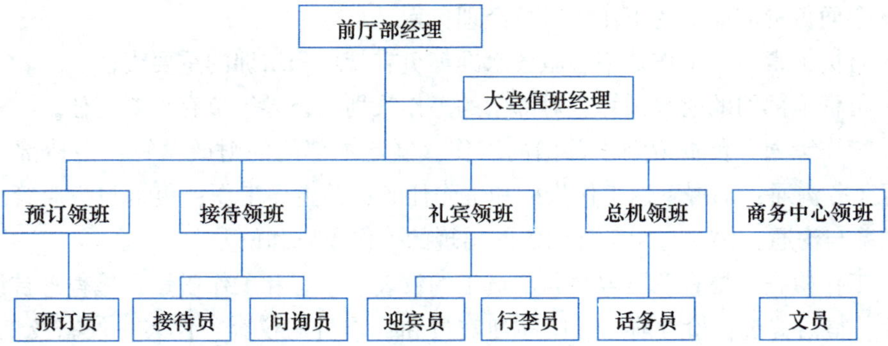

图1.9 中型酒店前厅部组织机构图

3. 小型酒店前厅部的组织机构模式

在一些小型酒店内，前厅部不单独设立部门，其功能由总服务台来承担。总服务台作为一个班组隶属于客房部，有客房部经理和总台领班，如图 1.10 所示。但是，随着市场竞争的日益激烈，这些小型酒店也增设了前厅部，扩大了业务范围，以强化前厅部的推销和“枢纽”功能，发挥其参谋作用。

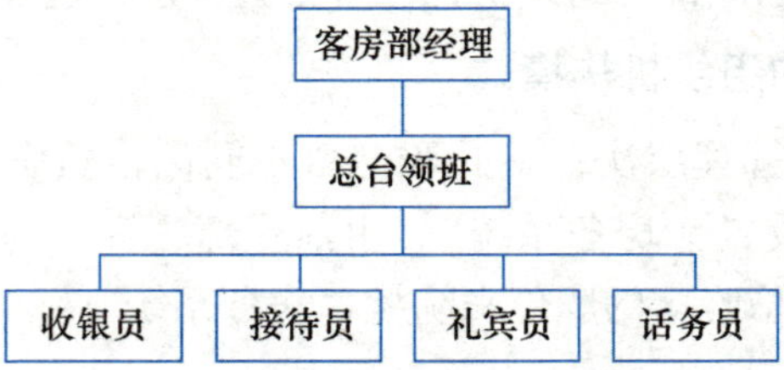

图 1.10　小型酒店前厅部组织机构图

二、前厅部主要岗位职责

前厅部对客服务贯穿客人住店过程的始终，前厅部的岗位设置和业务范围的确定都要紧紧围绕前厅的功能展开，以客人的需求为主线，以满足客人的需要为目标。一般来讲，前厅部的岗位主要包括前厅部经理、大堂副理、客房预订处、接待处、问询处、收银处、礼宾服务处、电话总机、商务中心等。

（一）前厅部经理

前厅部经理的直接上级领导是总经理或主管副总经理、客务总监，直接下级是前厅部经理、大堂副理、客房预订处、接待处、问询处、收银处、礼宾服务处、电话总机、商务中心等，主要负责组织前厅的酒店产品销售和接待服务活动，保持各项工作的衔接和协调，保证前厅部各班组提供高效、优质的服务，从而使客房销售达到最佳状态。前厅部经理的岗位职责主要包括以下几方面。

（1）全面负责前厅部的工作，对总经理负责。

（2）对员工素质、工作效率、服务水准等负有管理和培训的重要责任。

（3）负责本部门的财政预算，对部门的工作策划、督导等负有重要责任。

（4）工作策划：负责策划本部门的工作；制定本部门的财政预算；主持部门业务会议，进行业务沟通；部署下达工作指标和工作任务，并指导工作；负责与酒店管理系统进行业务联系与沟通；协调与纠正部门之间出现的工作矛盾和偏差。

（5）工作检查：检查总服务台各部员工的仪表、仪态和工作质量；检查总台设施是否布置有序、整洁美观；检查前厅、门前迎宾员和行李员的仪容、仪表、仪态及工作程序，是否对宾客服务周到、热情有礼，是否爱惜客人的行李物品；检查房间预订情况，了解和掌握房态；检查电话接线员的声调是否清晰、语言是否柔和、态度是否有礼貌，服务是否周到及是否爱惜工作设备；检查工作人员是否周到细致地为客人服务，客人交办的事是否办妥，是否能帮助客人解决疑难问题；检查其他人员，如分送报纸、报表、接待计划等员工是否尽职尽责、保质保量地完成工作。

6. 日常工作：参加部务会议、业务会议、例会等，提出工作疑难、工作建议、工作计划等请总经理决策；审阅部属各部门的工作报告、工作日志和报表；制订和实施培训计划，对部属员工进行思想教育和工作培训；负责门前迎送 VIP 客人的工作督导和指挥；抓好本部门的安全、卫生管理；向总经理、客务总监汇报工作。

（二）大堂副理

大堂副理也称大堂值班经理。大堂副理的直接上级领导是前厅部经理或前厅部副经理（有的大型酒店的大堂副理直属驻店总经理领导），直接下级是宾客关系主任。大堂副理主要协助前厅部经理工作，将各方面工作的反馈意见上报前厅部经理，供其决策参考。在不设宾客关系部的酒店，大堂副理负责协调酒店对客服务，保证酒店应有的水准，代表总经理全权处理客人投诉等事项。大堂副理的岗位职责主要包括以下几方面。

（1）协助前厅部经理或前厅部副经理，管理与大堂有关的各项事宜，同时沟通协调与大堂有关的各部门工作。

（2）代表总经理做好团队（会议）客人和 VIP 客人的接待与送行工作，筹办重要活动与会议。

（3）受理客人投诉，与有关部门沟通解决，对于重大投诉应该及时报告前厅部经理或前厅部副经理和相关部门。

（4）维护前厅秩序与前厅环境。

（5）经常主动拜访常客和 VIP 客人。

（6）处理各种突发事件。

（三）客房预订处

前厅部的预订处负责酒店的订房业务，其主要职责包括受理客人预订；负责与有关公司、旅行社等提供客源的单位建立业务关系，尽力推销客房并了解委托单位的接待要求；密切与总台接待处的联系，及时向前厅部经理及总台有关部门提供客房预订资料和数据，向上级提供 VIP 抵店信息；参与前厅部对外订房业务的谈判及合同的签订；制定预订报表（包括每月、半月、每周和明日客人抵达预订报表）；参与制订全年客房预订计划。

（四）接待处

前厅部的接待处又称“开房处”，通常配备有主管、领班和接待员。其主要职责是销售客房，接待住店客人（包括团体客人、散客、常住客人、预订客人和非预订客人等），为客人办理入住登记手续，分配房间；掌握住店客人动态及信息资料，控制房间状态；制定客房营业日报表等表格；协调对客服务工作；等。

（五）问询处

前厅部的问询处的主要职责是回答客人的问询（包括介绍店内服务及有关信息、市内观光、交通情况、社团活动等），接待来访客人，处理客人邮件、留言；分发和保管客房钥匙；积极参与酒店各项促销活动；协调对客服务。

（六）收银处

收银处（图 1.11）负责酒店客人所有消费的收款业务，包括客房、餐厅、酒吧等各项服务费用；同酒店一切有客人消费的部门的收银员和服务员联系，催收核实账单；及时催收长住客人和公司超过结账日期、长期拖欠的账款；夜间统计当日营业收益，制作报表。

图 1.11　收银处

（七）礼宾服务处

礼宾服务处主要为客人提供迎送服务、行李服务和各种委托代办服务，故在一些酒店又称为“委托代办处”“大堂服务处”或“行李处”。礼宾部主要由礼宾主管（“金钥匙”）、领班迎宾员、行李员、委托代办员等组成。其主要职责是在门厅或机场、车站迎送宾客；负责客人的行李运送、寄存及安全；雨伞的寄存和出租；公共区域找人；陪同散客进房和介绍服务，分送客用报纸，分送客人信件和留言；代客召唤出租车；协助管理和指挥门厅入口处的车辆停靠，确保畅通和安全；回答客人问询，为客人指引方向；传递有关通知单；负责客人其他委托代办事项。

（八）电话总机

前厅部的电话总机主要职责是接转电话；为客人提供请勿打扰电话服务；叫醒服务；回答电话问询；接受电话投诉；电话找人；接收电话留言；办理长途电话事项；传播或消

除紧急通知或说明；播放背景音乐；等等。

（九）商务中心

商务中心为客人提供打字、翻译、复印、装订、印名片、长话、传真、订票、上网以及小型会议室出租等商务服务。此外，还可根据需要为客人提供秘书服务。

三、前厅员工的素质要求

（一）前厅员工的思想素质要求

良好的思想素质是做好服务工作的基础。前厅员工思想素质的具体要求如下。

1. 正确的服务观念

前厅服务人员应正确认识前厅服务工作的价值，热爱自己的职业，有意识地培养自己对前厅服务的浓厚兴趣，树立正确的服务观念，以主人翁的身份，始终如一、全心全意地为每位宾客服务。

2. 高尚的职业道德

职业道德是人们在一定的职业活动范围内所遵守的行为规范的总和。前厅服务人员的职业道德有其特殊性，归纳起来主要有以下几方面的内容：满腔热忱、乐于助人的服务精神；文明礼貌、不卑不亢的职业风尚；诚信无欺、真实公道的经营作风；廉洁奉公、谦恭自律的优良品质；团结友爱、顾全大局的高尚风格。

3. 良好的组织纪律

严格的组织纪律是做好前厅服务工作的重要保证，前厅服务人员应具有严格的组织观念和法制观念，自觉遵守企业的规章制度和员工守则，服从工作安排和调动，热情为宾客服务，完成本职工作。

（二）前厅部各岗位素质要求

1. 前厅部经理素质要求

（1）知识要求。

· 掌握现代酒店经营管理知识，熟悉旅游经济、旅游地理、公共关系、经济合同等知识；

· 掌握前厅部各项业务标准化操作、客房知识，了解客人心理和推销技巧；

· 掌握酒店财务管理知识，懂得经营统计分析；

· 熟悉涉外纪律，了解我国主要客源国旅游法规；

· 能熟练掌握一门外语，能够阅读翻译专业文献，并能流利准确地与外宾交流；

· 具有一定的电脑管理知识；

· 了解宗教常识和国内外民族习惯及礼仪，了解国际时事。

（2）能力要求。

·能根据客源市场信息和历史资料预测用房情况，决定房价，果断接受订房协议；

·能够合理安排前厅部人员有条不紊地工作，处理好与部门的横向联系；

·善于在各种场合与各阶层人士打交道，并能够积极与外界建立业务联系；

·能独立起草前厅部工作报告和发展规划，能撰写和与酒店管理有关的研究报告；

·遇事沉着冷静，有自我控制能力，善于听取他人意见，能正确地评估他人的能力，能妥善处理客人投诉。

2. 大堂副理的素质要求

（1）知识要求。

·掌握现代酒店管理知识，特别是营业运转部门管理知识；

·熟悉旅游学、旅游地理、公共关系、旅游心理学和宗教、民俗、礼仪等方面的知识；

·熟悉本酒店运转体系，熟悉酒店的各项政策及管理规定；

·了解酒店安全、消防方面的规章制度、处理程序及应急措施。

（2）能力要求。

·具有高度责任心和服务意识、为人正派热情大方，办事稳重；

·有较强的应变能力、组织指挥能力和是非判断能力，能独立处理较复杂的紧急问题；

·能处理好人际关系，善于与人交往；

·有较好的外语口语表达能力和文字表达能力，能流利准确地使用外语与宾客交流。

·具有五年以上从事酒店工作的经验。

3. 领班的素质要求

（1）知识要求。

·比较系统地掌握旅游经济、旅游地理和主要客源国的民俗礼仪及现代酒店管理知识。

（2）能力要求。

·能坚持原则，敢于负责，作风正派，办事公道，在工作中的各个方面都能起表率作用；

·受过严格的操作训练，精通业务，熟练掌握服务技能和技巧，并能带领全体员工共同完成客房销售和对客服务任务；

·有较好的外语口头表达能力和文字表达能力，能流利准确地使用外语与宾客对话；

·善于处理人际关系，会做思想工作，关心本班组员工的合理要求和切身利益；

·有处理各种突发事件的应变能力。

（三）前厅员工的仪容要求

1. 着装

（1）酒店全体员工按规定统一着制服，并穿戴整齐。

（2）制服应得体挺括，无皱褶、破损、污渍，领口、袖口、裤脚要保持清洁，不应挽袖子或裤腿。

（3）男员工着单排扣西服时，如果为两粒扣子则扣上面的一粒，如果为三粒扣子则扣上面的两粒；女员工着西装时，扣子应全扣上。

（4）工号牌要佩戴在上衣的左胸上方，工号牌应水平，不得歪斜（图 1.12）。

图 1.12 正确佩戴工号牌

（5）制服扣子应齐全、无松动。

（6）不应在制服上佩戴与规定不符的饰品，如胸花、钥匙链、小饰物等。

（7）除制服配套用腰带外，一律系黑色腰带。

（8）男员工着深色袜子、女员工着肉色丝袜，袜子不应有破洞或抽丝，应每天换洗。

（9）鞋子应保持干净、不变形、无破损，不得有污渍、灰尘；皮鞋每天要擦拭，保持光亮，鞋带要系好。

（10）非工作需要不得穿制服到酒店区域外。

2. 发式

（1）应保持头发的清洁、整齐，不得有头垢、头屑，发干应光滑柔顺、有光泽。

（2）色泽统一，发干和发尾不得出现两种颜色，不得将头发染成自然色黑色以外的颜色。

（3）发型稳重大方，忌个性张扬。部门内员工的发型要相对统一。

（4）男员工发式标准：分缝要齐，不得留大鬓角；前发不盖额、侧发不盖耳、后发不盖领，如图 1.13 所示。

图 1.13 酒店男员工头发

（5）女员工发式标准：长发应盘起，发髻不宜过高或过低，以不过衣领为标准；短发不能过领，虚发应用发胶类化妆品定型；额前头发不可挡住视线，不得留有额前的虚发（刘海）；头上不得佩戴规定以外的装饰品，如图 1. 14 所示。

图 1.14　酒店女员工头发

3. 面部

（1）员工应保持面容清洁，上岗前应做好面容检查。

（2）男员工的胡须要剃净，脸部要清爽。

（3）鼻毛不能过长，清理鼻毛、鼻涕时要避开众人目光，不要用手挖鼻孔。

（4）女员工可适当化妆（图 1. 15），但应以淡妆为宜，不能浓妆艳抹，避免使用气味浓烈的化妆品。

（5）要保持口腔和牙齿的清洁与卫生，不应吃容易造成异味的食物（如大蒜、大葱、韭菜）。

图 1.15　酒店女员工化淡妆

4. 手部

（1）经常保持手部干净卫生，常洗手，特别是指甲缝一定要清理干净，不得有污垢（图 1. 16）。

（2）男女员工均不得留长指甲，应经常修剪指甲，但不得在岗上或客人面前修剪指甲。

（3）女员工如用指甲油，应选用与肤色统一或透明的指甲油，不应使用其他颜色或在指甲上描画图案。

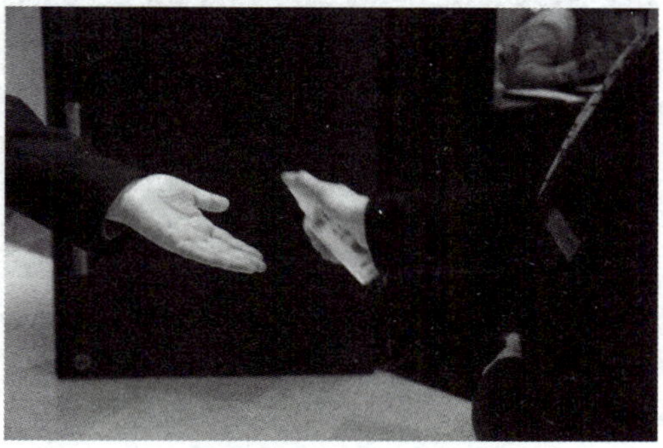

图 1.16 保持手部干净卫生

5. 首饰

（1）男女员工均不佩戴耳环、项链、手镯、手链、脚链等饰物。

（2）佩戴手表要以正装表为主，不得戴过分张扬的手表。

（四）前厅员工的仪表要求

1. 表情

表情是人的思想感情和内在情绪的外露。表情属于第一印象，对初次见面的宾客，应头部微微一点，行注目礼，表示尊重和礼貌；在与宾客交谈时，应当不断地通过各种目光与对方交流，调整交谈的气氛。交谈中应始终保持目光的接触，随着话题内容的变换做出及时恰当的反应，如图 1.17 所示。

图 1.17 交谈中应始终保持目光的接触

2. 微笑

在对客服务中，微笑非常重要。微笑是人们内心喜悦感情的自然外露，它是自信的表现，是礼貌的表示。微笑还能使人时刻保持良好的工作情绪，以提供周到细致的服务，如图 1.18 所示。

图 1.18 微笑

3. 站姿

前厅服务人员站立时，头要正、两眼平视前方、嘴微闭、脖颈挺直、表情自然、略带微笑。肩膀微微放松，稍向后下沉。两肩平整，两臂自然下垂，中指对准裤缝。挺胸收腹，臀部向内、向上收紧，两腿直立贴紧，脚跟靠拢，两脚夹角呈 60°。

在接待客人时，可采取叉手站姿。两手在腹前交叉，右手搭在左手上（图 1.19）。男员工可两脚分开，距离不超过 20 厘米。女员工可以用小丁字步，一脚稍微向前，脚跟靠在另一个脚内侧，站立较久时，身体重心还可以在两脚间转换，以减轻疲劳。

图 1.19 站姿

4. 走姿

前厅服务员走路的姿态，以站姿为基础，始终处于运动中，体现的是一种动态的美。

走路时须抬头挺胸，上身直立，双肩端平，两臂与双腿呈反向自然交替甩动，手指自然弯曲，身体重心略微前倾。行走动作连贯，从容稳健（图 1.20）。

通常靠道路的右侧行走，遇到客人和同事要主动问好。不雅的步态，如左右摇晃、弯腰驼背、左顾右盼、鞋底噌地、八字步、碎步等都会给人留下不好的影响。

图 1.20 走姿

5. 坐姿

正确的坐姿（图 1.21）是在其身后没有任何依靠时，上身正直而稍向前倾，头平正，两肩放松，下巴向内收，脖子挺直，胸部挺起，并使背部与臀部成一直角，双膝并拢，双手自然地放在膝上或放在椅子上。无论坐在椅子还是坐在沙发上，最好不要坐满，只坐椅子的 1/2 或者 2/3，也不要随意跷二郎腿。

女员工如果穿的是裙装，在落座时，要用双手在后边从上往下把裙子拢一下，坐下后，两手交叉叠放于两腿中间并靠近小腹。

男员工的坐姿通常是上身正直、上挺，双肩平正，两手放在两腿或扶手上，双膝并拢，小腿垂直落于地面，两脚自然分开 45°。

图 1.21　正确的坐姿

6. 手势

手势是酒店服务工作中必不可少的一种体态语言，服务业员工手势的运用应当规范适度，且符合礼仪。在运用手势时应注意以下几点。

· 在引路、指示方向等时，应注意手指自然并拢，掌心向上，以肘关节为支点，指示目标，切忌伸出食指指点，如图 1.22（a）所示。

· 在走廊引导时，接待人员要走在客人两三步之前，配合步调，并让客人走在内侧，如图 1.22（b）所示。

· 引导客人乘坐电梯时，接待人员先进入电梯，等客人进入后关闭电梯门；到达时，接待人员按住“开”的钮，让客人先走出电梯，如图 1.22（c）所示。

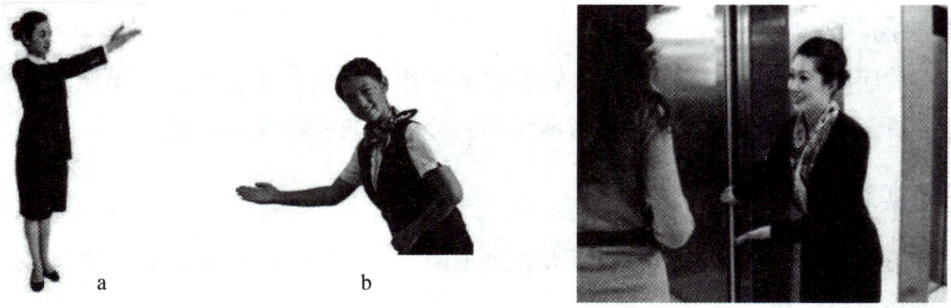

a　b　c

图 1.22　手势

（五）前厅员工身体素质要求

1. 健康的体魄

前厅服务工作劳动强度较大，在工作中站立、行走等需要有一定的腿力和腰力，所以只有健康的体魄才能胜任前厅部工作。

2. 充沛的精力

前厅服务人员的工作看似不累，其实并不轻松，需要“耳听六路，眼观八方”，只有拥有充沛的精力才能胜任此项工作。

（六）前厅员工心理素质要求

1. 敏捷的思路

前厅服务人员应该要有十分清晰、灵敏的思维能力。在前厅服务的第一线，由于宾客的住房需求、心理状态等各不相同，会出现各式各样的问题，如住宿投诉、寻衅闹事、突发疾病，都需要得到服务人员的及时处理。在处理这类问题的过程中，前厅服务人员的良好应变能力是不可缺少的。

2. 健全的心理

前厅服务人员的绝大部分时间在与宾客打交道，在发生误解时，服务人员必须沉得住气，以大局为重，忍受委屈，正确对待和处理这些矛盾和误会。

（七）前厅员工综合素质要求

1. “客户至上”的服务观念

“客户至上”的服务观念不是口号和空话，要始终贯穿于客户服务工作中。因此，前厅服务人员需要具备一种“客户至上”的整体服务观念。

2. 独立的工作能力

优秀的前厅服务人员必须能独当一面，具备独立的工作能力，能自己处理好工作中遇到的棘手问题。

3. 解决问题的能力

优秀的前厅服务人员不但需要做好宾客服务工作，还要善于思考，提出工作的合理化建议，有分析解决问题的能力，能够帮助宾客去分析解决一些实际问题。

【任务实施】

学生分组撰写前厅部服务员职业素养要求说明书，明确各岗位的职业素养要求，能够合理安排每个成员的岗位。

【任务评价】

<table>
<tr><th>序号</th><th>考核内容</th><th>考核要点</th><th>应得分</th><th>自评分</th><th>互评分</th><th>教师评分</th></tr>
<tr><td>1</td><td>前厅岗位设置</td><td>（1）岗位设置合理；
（2）岗位设置符合酒店实际情况</td><td>20</td><td></td><td></td><td></td></tr>
<tr><td>2</td><td>职业素养要求</td><td>（1）身体素质要求；
（2）知识能力要求；
（3）专业技能要求；
（4）思想素质要求；
（5）心理素质要求</td><td>50</td><td></td><td></td><td></td></tr>
<tr><td>3</td><td>岗位职责说明</td><td>（1）岗位职责明确；
（2）岗位职责描述具体；
（3）岗位权限分配合理</td><td>20</td><td></td><td></td><td></td></tr>
<tr><td>5</td><td>说明书</td><td>（1）排版精美；
（2）各要素齐全；
（3）提交及时</td><td>10</td><td></td><td></td><td></td></tr>
<tr><td colspan="3">总分</td><td>100</td><td></td><td></td><td></td></tr>
<tr><td colspan="2">小组自评</td><td colspan="5"></td></tr>
<tr><td colspan="2">小组互评</td><td colspan="5"></td></tr>
<tr><td colspan="2">教师评价</td><td colspan="5"></td></tr>
<tr><td rowspan="2">小组成员个人得分</td><td>姓名</td><td></td><td></td><td></td><td colspan="2"></td></tr>
<tr><td>得分</td><td></td><td></td><td></td><td colspan="2"></td></tr>
<tr><td colspan="2">说明</td><td colspan="5">小组任务得分=小组自评×20%+小组互评×40%+教师评价×40%。
小组成员个人得分由小组长和教师根据个人任务完成中的工作情况分配分数</td></tr>
</table>

案例阅读

一天，一位美国客人到某宾馆总台登记住宿，他用英语询问接待服务人员小杨：“贵店的房费是否包括早餐？”小杨未能听明白客人的意思，便随口回答了一句：“It will do.”次日早晨，客人去西式餐厅享用自助餐，出于细心，又向餐厅服务员小贾提出了同样的问题。不料小贾的英语亦欠佳，慌忙中也回答了：“It will do.”

几天以后，美国客人到总台办理离店结账手续。服务员把打印好的账单递给了客人，当客人看到账单的明细后吃了一惊，他每顿早餐的费用一笔不漏地显示在账单上。他百思不得其解。经过再三追问，总台才告诉他：“我们早餐历来不包括在房费内。”客人将初来时两次获得“It will do”答复的原委告诉总台服务员，希望早餐能得到兑现，但遭到拒绝。客人于无奈中只得付了早餐费，然后怒气冲冲地向该宾馆进行了投诉。

最后，该宾馆重申了总台的意见，加上早餐收款已做了电脑账户，不便更改，没有同意退款。客人心里很是不服气，于是怀着一肚子怒气离开了宾馆，并表示下次再也不会来这家宾馆住宿了。

案例反思：

语言是人与人之间沟通和交流的工具，掌握并熟练运用服务用语，是提供优质服务的保障，具体要求如下。

（1）有较强的语言沟通能力。

（2）根据客人的不同身份，正确使用迎宾敬语、问候敬语、称呼语、电话敬语、服务敬语、道别敬语，为客人提供规范化的服务。

（3）在和外国客人交流时，能够在理解相关外语的基础上，与外国客人愉快地沟通交流，并能解决服务过程中的基本问题，不能不懂装懂，以免因为理解的偏差而导致服务失误。

（4）善于用简单明了的语言，向客人表达服务用意，使客人能够愉快地和自己交流。

【前厅英语】

front entrance 正门

After you, please, sir. 先生，您先请。

Thank you for your compliment. 谢谢您的赞扬。

Wish you good luck！祝您好运！

Wish you a happy festival！祝您节日愉快！

Thank you for your kind understanding. 谢谢您的谅解。

Does the room rate include breakfast? 房费是否包括早餐？

It will do. 是的。这样就可以了。

课后作业

请同学们课后对着镜子，对照所学标准，检查自己的仪容仪表。

一、填空题

1. 前厅部应遵循“__________、__________、__________”的精简高效原则。

2. 酒店__________大小不同，前厅部组织机构可以有很大区别。

3. 设置“房务系统”，由前厅部、客房部、保安部、工程部等二级部门组成，并设立“房务总监”的职位统揽“房务系统”的一般是__________酒店。

4. 通常前厅部是一个与客房部并列的独立部门，直接向总经理负责的是__________酒店。

5. 男员工着__________色袜子、女员工着__________色丝袜，袜子不应有破洞或抽丝，应每天换洗。

二、判断题

1. 前厅部组织机构设置、人员配备、职责划分应根据酒店的实际性质、规模大小、地理位置、经营特点及管理方式而定，不宜生搬硬套。（　）

2. 前厅部组织机构设置应越简单越好。（　）

3. 前厅部经理的直接上级领导是餐饮部经理。（　）

4. 问询处可以直接受理客人预订。（　）

5. 男员工着单排扣西服时，如果为两粒扣子则扣上面的一粒，如果为三粒扣子则扣上面的两粒。（　）

三、问答题

1. 前厅部的组织机构设置原则是什么？

2. 前厅员工的思想素质要求有哪些？

模块小结

前厅部是酒店的关键部位，是联系宾客的桥梁与纽带，是酒店的中枢神经，是酒店的橱窗。本模块着重介绍了酒店前厅的地位与作用，通过学习应了解前厅部的组织机构，了解酒店前厅岗位的基本职能，对现代酒店前厅部有一个基本的了解。

模块练习

一、填空题

1. __________是酒店宾客踏入酒店首先接触的部门，也是宾客离店时迈出的最后场所，更是形成宾客对酒店“第一印象”和“最后印象”的地方。

2. 在客人眼中，__________就是酒店的代表，是酒店的门面，是酒店整体形象的重要体现。

3. __________有利于提高宾客的满意度，赢得更多的回头客，从而提高酒店的经济效益。

4. 前厅客房销售的任务由__________、__________、__________、__________四个方面工作组成。

5. 前厅在酒店管理中具有__________、__________和__________的特征，是酒店的神经中枢。

二、不定项选择题

1. 前厅部的组织机构设置原则包括（　　）。
   A. 组织合理　　B. 精简高效
   C. 分工明确　　D. 便于协作
2. 前厅客房销售的任务包括（　　）。
   A. 订房推销　　B. 接待无预订客人
   C. 办理入住登记　　D. 排房、确定房价
3. 前厅员工的思想素质要求有哪些？（　　）
   A. 正确的服务观念　　B. 高尚的职业道德
   C. 良好的组织纪律　　D. 健康的身体素质
4. 前厅服务范围涉及（　　）。
   A. 机场和车站接送服务　　B. 票务代办服务
   C. 商务文秘服务　　D. 保险箱服务
5. 客人经过必要的信用证明，查验证件后，可在酒店哪些营业点签单赊账？（　　）
   A. 商场部　　B. 大堂吧　　C. 餐厅　　D. 商务中心

三、简答题

1. 简述前厅主要部门岗位职责。
2. 前厅部组织机构的设置原则有哪些？
3. 前厅员工的素质要求有哪些？

四、案例分析题

某家酒店的前厅部总机接到一位外地客人打来的电话，他是自己驾车携家人来游玩，而且已在酒店订了房，但天色已黑，不知该如何行车才能到达酒店。总机服务员自认为对本城很熟悉，于是问清客人所在的位置后，给他指了一条最便捷的行车路线。

20分钟后，这位客人打来第三个电话，说他们已经在东门大转盘了。这不是离酒店很近了吗？就算是步行，最多也就五分钟的路程，于是总机服务员不假思索地告诉客人："绕过转盘上来100米左右，在××大酒店门口向左一拐就看见我们酒店了！"

"上来？上哪儿来？我面前有三四条路，小姐！我又不是本地人，你怎么分不清呢？"电话那头突然的呵斥声让总机服务员愣住了。两秒钟后她才反应过来，其实在那个转盘里立有一块酒店的方向指示牌，因为不是很大，客人可能没注意。于是，总机服务员赶紧说了一声"对不起"后，提醒他注意立在转盘里面的指示牌。一经提示，客人马上就看到了指示牌，说了句"知道了"就挂了电话。

问题：

客人为什么会发火？酒店人员应该如何服务才能避免案例中出现的问题？

模块二　掌握前厅服务技能

◎思政导读

酒店是为客人提供食、宿等综合服务的场所。因此，酒店应尽量满足客人的住宿要求，推销酒店的设施与服务。前厅的服务范围主要有提供预订服务，接待散客和团体客人入住，提供迎宾、礼宾服务及提供其他各项服务。客人在住宿过程中可能因为各种原因提出种种要求，虽然在一定程度上会给酒店的服务、接待和管理工作带来不便，前厅部也应尽量满足客人的要求，使其满意。同时，前厅部还负责向各有关部门提供各项接待信息或下达各项接待指令，承办客人要求的各项委托代办事项或交给其他相关部门执行，各个环节都会直接影响客人对酒店的评价，并且会成为客人日后对酒店其他工作评价的心理基础。作为前厅部的员工，我们应熟练掌握前厅工作接待的程序、标准、方法及技巧，准确地处理接待工作中的常见问题。

知识导图

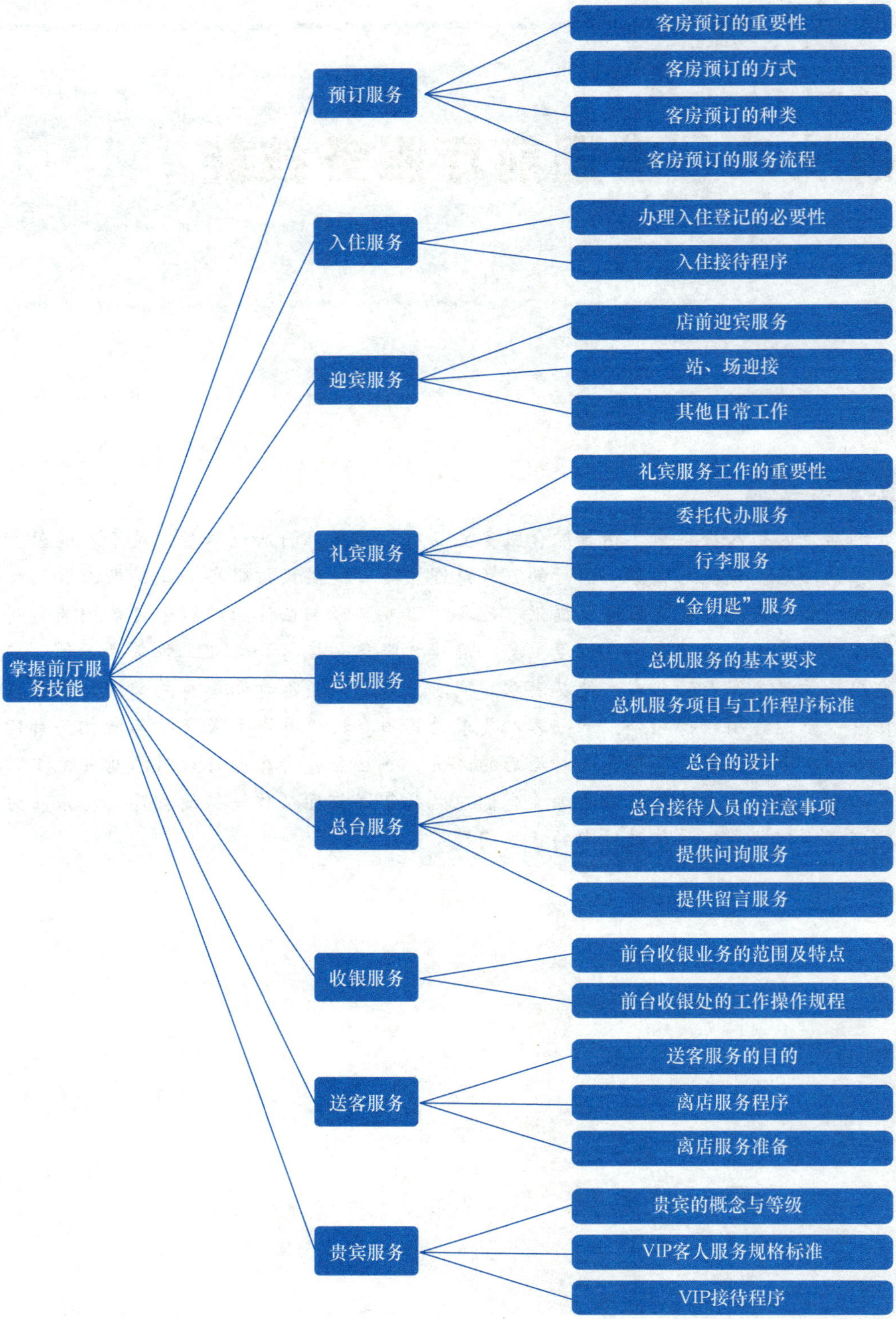
掌握前厅服务技能
预订服务
客房预订的重要性
客房预订的方式
客房预订的种类
客房预订的服务流程
入住服务
办理入住登记的必要性
入住接待程序
迎宾服务
店前迎宾服务
站、场迎接
其他日常工作
礼宾服务
礼宾服务工作的重要性
委托代办服务
行李服务
“金钥匙”服务
总机服务
总机服务的基本要求
总机服务项目与工作程序标准
总台服务
总台的设计
总台接待人员的注意事项
提供问询服务
提供留言服务
收银服务
前台收银业务的范围及特点
前台收银处的工作操作规程
送客服务
送客服务的目的
离店服务程序
离店服务准备
贵宾服务
贵宾的概念与等级
VIP客人服务规格标准
VIP接待程序

学习目标

知识目标

1. 了解客房预订及办理入住登记的重要性。
2. 了解店前迎宾服务与礼宾服务的工作内容。

技能目标

1. 掌握总机服务项目与工作程序标准。
2. 掌握前台收银处的工作操作规程。
3. 掌握客人离店服务工作要领。

思政目标

1. 培养学生爱岗敬业的职业素养。
2. 能自觉应用所学岗位素质要求来规范自身学习、工作和日常生活习惯。

任务一 预订服务

【任务情境】

张先生是一家大公司驻 X 市的代表，最近他的上司要来 X 市视察其业务开展情况。为了做好接待工作，张先生在酒店预订了一间商务套房。虽然预订了房间，但是次日他还是打电话到酒店总台与接待员再次确认，当得知房间已经安排妥当后，张先生总算放了心。但是，就在张先生与接待员打电话确认订房的第二天，他接到了总台预订员的电话，被告知商务套房已满，建议其入住豪华套房。因存在房费差价，张先生拒绝了酒店的提议并取消了订房，改住到其他酒店。前厅部经理知道后十分生气，并为此事召开了部门会议，拉拉陷入沉思……

【任务工单】

任务名称	预订服务		
班级		所属小组	第______小组
工作任务	通过参加部门会议，作为酒店前厅部一员的拉拉意识到了预订服务的重要性。前厅经理让拉拉通过观摩学习，掌握预订服务的工作要点，并为其设置预订服务工作情景模拟考核		
任务目的	意识到预订服务的重要性；掌握预订方式、种类；能够顺利为客人提供预订服务		
任务实施要求	（1）明确预订服务的重要性； （2）小组成员共同完成任务； （3）各个小组积极讨论预订服务的工作内容，并进行小组模拟预订服务		

续表

任务名称	预订服务
任务实施步骤	（1）小组成员分工； （2）查阅资料，掌握预订服务工作的有关内容； （3）小组排练，模拟预订服务工作情境； （4）制作汇报 PPT； （5）课堂汇报，小组互评； （6）教师点评、总结
任务成果形式	预订服务工作情景模拟考核

知识准备

客房预订，是指客人或代理机构为住店客人在抵达酒店前与酒店预订部门所达成的订约。酒店一般会在前厅部设有预订处或预订部，专门受理客房预订业务。客人通过预订可以保证自己的住房要求，而酒店则可以通过预订提前做好一切接待准备并提前占领客源市场、提高客房利用率，所以预订是酒店一项十分重要的业务。

一、客房预订的重要性

酒店开展预订业务，可以满足客人有关住宿能够预先得到保证的要求，同时也能最大限度地利用客房，开拓客源，为酒店争取最大化利润。因此，开展预订业务，对酒店经营来说具有重要意义。

（一）满足客人的住宿需要

酒店客房预订工作是适应现代旅游者消费需求，按照客人预先订约和使用委托，为客人保留酒店客房产品（图 2.1），使客人能够提前安排住宿产品，在实际的住宿产品购买过程中，避免遭遇酒店“客满”而无法提供产品的风险，最大限度地满足客人的需求，解决客人出行的后顾之忧。

图 2.1　酒店客房

(二)开拓市场,稳定客源

预订客房对酒店来说,是对酒店产品的预销售,只有预订客人达到一定的数量,酒店的正常经营活动才能得以保证。如果酒店的预订客人较少,销售只靠随机的散客,其经营就会处于不稳定的状态。为了开拓市场,稳定客源,酒店必须开展预订业务,除接受客人的订房要求外,还要积极地进行方式多样的促销活动(图 2.2),如酒店主动打电话、发信函联系业务等,争取更多确定的预订,提高客房出租率。科学的预订系统能为酒店提供稳定的、长期的客源,为酒店带来利润。

图 2.2 酒店促销活动

(三)提高酒店的服务质量

开展客房预订业务,酒店可以预先取得客人的订房资料,如姓名、职业、地址、抵离时间。预订处将这些信息资料及时传递给有关部门,可以有效地协调各部门的经营活动,准备好接待工作,提高工作效率,保证服务质量(图 2.3)。

图 2.3 提供高质量服务

二、客房预订的方式

客人采用何种方式进行预订，受其预订的紧急程度和客人预订设备条件的制约。因此，客房预订的方式多种多样，各有其不同的特点。客人常采用的预订方式主要有以下几种。

（一）电话订房

订房人通过电话向酒店订房，这种方式应用最为广泛，特别是提前预订的时间较短时，这种方式最为有效。其优点是直接、迅速、清楚地传递双方信息，可当场回复客人的订房要求。

在接受电话预订时，要注意与客人通话时使用礼貌用语，语音、语调运用要婉转，口齿要清晰，语言要简明扼要；准确掌握本月、本季度可提供的客房情况；立即给订房人以明确的答复，绝不可让客人久等；若对客人所提预订要求不能及时进行答复时，则应请对方留下电话号码，并确定再次通话的时间；若因客满须婉拒订房时，应征询客人是否可以列入等候名单；通话结束前，应重复客人的订房要求，以免出错，如图 2.4 所示。

图 2.4　电话订房

（二）面谈订房

面谈订房是客户亲自到酒店，与订房员面对面地洽谈订房事宜，如图 2.5 所示。这种订房方式能使订房员有机会详尽地了解客人的需求，并当面解答客人提出的问题，有利于推销酒店产品。与客人面谈订房事宜时应注意以下几点。

（1）仪表端庄、举止大方，讲究礼节礼貌，态度热情，语音、语调适当、婉转。

（2）把握客人心理，运用销售技巧，灵活地推销客房和酒店其他产品。必要时，还可向客人展示房间及酒店其他设施与服务，以供客人选择。

（3）需要注意的是，预订服务人员在与宾客面谈订房事宜时，应避免轻易向宾客做出确认房号的承诺，以免由于其他原因不能向宾客提供该号房间而失信于宾客。

图 2.5 面谈订房

（三）信函订房

信函预订是客人或其委托人在离预期抵店日期尚有较多时间的情况下采取的一种传统而正式的预订方式，如图 2.6 所示。此方式较正规，如同一份合约，对客人和酒店起到一定的约束作用。在受理此方式预订时，应注意做到以下几点。

（1）及时复信。越早让客人收到回信，越能赢得客人好感。

（2）复信要亲切。避免给客人留下公函式信件的印象，复信应使收件人感到信件是专门为他所写的，是一封私人信函。如预订员不能用“Dear Sir”做信头称谓，而应正确使用客人的头衔与称呼，并准确拼写其姓名。

（3）复信的格式必须正确，注意中英文书信格式的差异。

（4）复信的内容明确，简洁且有条理。对客人来信中所提要求，一定要给予具体的答复，即使是不能应允或不能满足的要求，也须婉转地表示歉意，做到谦恭有礼，避免含糊不清，最好使用书面语。

（5）复信的地址、日期要书写完整、准确。

（6）注意信纸、信封的质量，邮票的选择及复信者的亲笔签名。

图 2.6 信函订房

（四）传真订房

订房人通过传真预订客房，是较为常见的一种订房方式。这一般是旅行社、团队等单位或组织所采用的一种较为正式的预订方式，其特点是方便、快捷、准确、正规。它可以完整地保留客人的预订资料，不容易出现订房纠纷。

受理传真订房时应注意：接收或发出传真后，及时打上时间印记；回复要迅速、准确，资料完整；做好订房资料的保留存档，以备日后查对。

（五）网络订房

随着现代电子技术的迅猛发展，通过网络向酒店订房的方式发展迅速，目前越来越多的散客采用这种方便、快捷、先进和廉价的方式进行客房预订，如图 2.7 所示。网络预订时效快，客人享有充分的选择权利，不受时间、气候、空间等条件的限制。在预订形式的选择上，通常有两种方式：一是通过酒店或连锁集团官方网站的预订系统进行预订；二是通过第三方客房预订系统（专业酒店预订公司）进行预订。

图 2.7　网络订房

（六）合同订房

酒店与旅行社或商务公司之间通过签订房合同，达到长期出租客房的目的。

三、客房预订的种类

酒店预订类型包括临时性预订、确认性预订和保证性预订三种，具有体如下内容。

（一）临时性预订

临时性预订是指客人在即将抵达前或在抵达当天的预订，与抵店时间很接近，酒店一般没有足够的时间给予书面确认，无法预付定金，因此比较难以确认，均予以口头确认，但须问清联系方式、抵达具体时间、提醒客房预订保留时间。按照国际惯例实行，一般为客人保留客房的时限为当天18：00。

（二）确认性预订

确认性预订是指酒店答应为客人保留客房至某一事先声明的规定时间，但如到了这一规定时间，客人仍未抵店，也无任何声明，则在用房紧张时期，酒店可将所保留的客房出租给未经预订而直接抵店的客人或等候名单的客人。对于确认性预订客人酒店一般是向其声明为其保留客房的时限（一般是当天18：00），过了规定时间，如客人仍未抵店，也未与酒店联系，酒店就有权将预订的客房出租给其他客人。

确认预订的方式有两种：一种为口头确认，另一种为书面确认。口头确认一般只用于客人订房时间与抵店时间很接近时；通常使用书面确认，如邮寄、传真回复确认书等，书面确认的预订，只要地址被验证，信任度就较高。无论是口头确认还是书面确认，都必须向客人明确申明酒店规定的抵店时限。

书面确认与口头确认相比有以下优点。

（1）能复述客人的订房要求，使客人了解酒店是否已正确理解并接受了他的订房要求，让客人放心。

（2）能申明酒店对宾客承担的义务及有关变更预订、取消预订以及其他有关方面的规定，以书面形式确立酒店和客人的关系。

（3）能验证宾客所提供的个人情况，如姓名、地址等，所以持预订确认书的客人比未经预订、直接抵店的客人在信用上更可靠，大多数酒店允许其在住店期间享受短期或一定数额的赊账服务待遇。

（三）保证性预订

保证性预订是客人通过支付一定数量的预付款、与酒店签订房合同或用信用卡授权等形式向酒店保证前来投宿，否则将承担经济责任。酒店则必须在任何情况下都保证优先落实此类预订，保留客房至抵店日期的次日退房结账时间。如果没有接到订房人取消订房的通知，应将此类客人的房间保留到退房时间，否则酒店将承担经济责任。

保证性预订在酒店与未来住客之间建立了更牢靠的关系，可以预付款担保、信用卡担保、合同担保等形式运作，既可约束双方，也能保护双方利益。具体担保形式有如下内容。

1. 预付款担保

预付款担保是指宾客通过缴纳预付款（一般为所订客房的一夜房费）而获得酒店的预订保证。若宾客预付了一天以上的房租，但届时未取消预订而又不抵店入住，则酒店仍只收取一天房租，将余款退还宾客，同时取消后几天的预订；若宾客在临近抵店日期时预订，酒店没有足够时间收取预付款，则可让宾客使用信用卡做担保，进行预订。

2. 信用卡担保

客人在订房时向酒店声明，将使用信用卡为所预订的房间付款，并把信用卡的发卡行、号码、有效期及持卡人的姓名告诉酒店并做授权（图 2.8）。如客人在预订日期未抵达酒店，酒店可以通过信用发卡行获得房费收入的补偿。

图 2.8　信用卡担保

3. 合同担保

订立商业合同是指酒店与有关客户单位签订的订房合同（图 2.9）。其合同内容主要包括签约单位的地址、账号以及同意对因为失约而未使用的订房承担付款责任的说明，合同还应规定通知取消预订的最后期限，如签约单位未能在规定的期限通知取消预订，酒店可以向对方收取房费等。

图 2.9　签订合同

由于各地区、各酒店的实际情况不同，担保的方法也不尽相同。有些酒店将其认可的个人名誉担保视为订房担保；有些酒店目前尚无法接受以信用卡作为订房担保，故采取何种有效的订房担保，应视情况而定。

需要说明的是，在实际工作中，我们会发现一些客人有时会因各种原因无法按期抵达酒店或者取消订房，其中有相当一部分客人不会将变更信息及时、主动地通知酒店。因此，我们在客人抵达酒店之前要通过电话或者书信等方式主动与客人进行多次核对，一旦获悉变更信息，应及时调整并通知相关部门，以便将闲置的客房重新出租给其他客人。

四、客房预订的服务流程

（一）预订前的准备工作

预订部的工作人员只有在预订前做好各项准备工作，才能保证给客人一个迅速、准确的答复，提高预订工作的效率。

（1）预订人员按酒店规定的要求规范上岗，做好交接班。接班人员要查看上一班的预订资料，问清情况，掌握需要处理的、优先等待的、列为候补的和未收定金的等不准确的预订名单及其他事宜。

（2）迅速、准确地掌握当日及未来一段时间内可预订的客房数量等级、类型、位置、价格标准、房况等情况，以保证向客人介绍可订房的准确性。

（3）检查预订的电脑等设备是否完好，准备好预订单、预订表格等各种资料和用品，摆放整齐规范，避免出现客人订房时，找不到资料及用品的现象发生。

（二）接受预订

预订员在接到客人预订信息后，迅速查看电脑或预订控制架，要查看房态，是否有空房。如有空房，则接受宾客的申请。预订方式通常分为散客预订和团队预订两种形式。

1. 散客预订（以电话订房方式为例）

（1）接听电话。预订员必须在电话铃响三声之内接起电话，礼貌地向客人问好，报上自己的姓名，提供服务。

（2）了解宾客抵店日期和所需房间的种类、数量。

（3）查看电脑或客房预订控制架，检查自身情况。如果有空房，则问清楚宾客的详细资料，主要包括宾客姓名（中英文拼写），付款方式，抵店日期、时间及航班号，预订人或预订代理人的姓名、单位、联络方式和电话号码等。同时，要向宾客说明除非收到预订保证金，否则预订的房间只保留到当天的18：00。

（4）复述核对网上预订内容，以保证预订资料的准确性。

（5）询问宾客有无特殊要求，如是否需要接机服务，房内是否需要布置鲜花、是否需要加床等。对有特殊要求者，应详细记录并复述。

（6）向宾客致谢，并等宾客先挂电话后方可挂电话。

2. 团队预订

（1）所有团队预订须有书面预订单。团队订房通常由酒店营销部负责并由营销部将团队订房资料提前送到预订处。

（2）预订处应了解、核对团队预订情况，包括团队名称，团员姓名、国籍、身份，团队抵离店时间、所用的交通工具、所需房间的种类和数量、餐食安排、付款方式、特殊要求和注意事项等。

（3）填写团队预订单。

(4) 填写团队接待通知书，分发给客房、餐饮、财务各部门。

(5) 将团队预订的所有内容输入电脑，记录电脑预订编号。

(6) 团队预订资料应至少提前一天交接待处，以便接待处合理分房。

(7) 如果酒店未设立营销部，那么，从签订协议到团队预订手续的办理，一般由预订处完成。

(三) 确认预订

确认预订的方式一般有两种：电话确认和书面确认。一般对于预订时间较早、团体客人、VIP 客人、政府官员、国际会议等订房的需采用书面确认，而所发出的确认函也要由前厅部经理签字。对于其他大多数客人来说，一般采取电话确认。确认预订能更好地知道客人抵达的日期、所需要的房间种类和数量、入住的天数及其他项目的要求等。电话确认是在客人即将抵达酒店前一个小时左右联系，书面确认则在 1~2 日前。

经过确认的预订，酒店有责任把客房保留到宾客预订到达当天的 18：00 或双方事先约定的时间，以保证酒店信誉。除非宾客逾期未能到达且又未主动与酒店联系，酒店才有权取消宾客的预订。

(四) 拒绝预订

当酒店接待能力无法满足客人入住需求时，就要对客人的预订加以婉拒。婉拒预订时可以给客人提供一系列建议，如更改房型、重新选择入住日期等。如果可以，应当留下客人姓名、联系方式等，把其登记在“等候客人名单”上，一旦酒店有空房，立即通知客人。如果客人采用书面订房，预订员也应礼貌复函，以表示歉意。

(五) 取消预订

预订员在处理宾客取消预订要求时，不应表示出不满或不快，而要以礼待客，使客人明白，酒店随时欢迎他的光临。对于取消的预订，预订员要记下通知人的姓名、所属单位，问清楚原定房人的姓名、抵店日期，然后找到原订单，核对后在预订单上注明取消的日期、原因、取消人等信息，并归入取消类存档。最后，要对客人及时通知取消预订表示感谢。

无论客人因何原因无法抵达酒店入住，酒店工作人员都不得在电话中表露任何不愉快的情绪，并表示期待客人下一次的入住。

(六) 变更预订

变更预订是指客人在抵达酒店前临时更改预订的日期、人数、房型、要求等。处理宾客提出的变更要求时，预订员应迅速查找出该宾客预订单，根据酒店的客房安排和宾客的变更要求判断是否接受更改，如果能接受，应及时确认并做出相应标记。如果预订的变更内容涉及一些特殊安排，如派车接送，放置鲜花、水果等，则须尽快通知相关部门；如果不能接受宾客的变更要求，则要耐心解释，并将酒店的空房类型和有空房的日期告知宾客，与之协商，若确实无法解决，则向其推荐本地同档次的其他酒店。

【任务实施】

学生分组讨论预订服务相关知识，并进行预订服务情景模拟。

【任务评价】

<table>
<tr><th>序号</th><th>考核内容</th><th>考核要点</th><th>应得分</th><th>自评分</th><th>互评分</th><th>教师评分</th></tr>
<tr><td>1</td><td>客房预订的重要性</td><td>正确阐述客房预订的重要性</td><td>20</td><td></td><td></td><td></td></tr>
<tr><td>2</td><td>客房预订的方式</td><td>正确阐述客房预订的方式及特点</td><td>10</td><td></td><td></td><td></td></tr>
<tr><td>3</td><td>客房预订的种类</td><td>正确阐述客房预订的种类</td><td>20</td><td></td><td></td><td></td></tr>
<tr><td>5</td><td>客房预订服务情景模拟</td><td>服务流程规范、熟练、得体</td><td>50</td><td></td><td></td><td></td></tr>
<tr><td colspan="3">总分</td><td>100</td><td></td><td></td><td></td></tr>
<tr><td colspan="2">小组自评</td><td colspan="5"></td></tr>
<tr><td colspan="2">小组互评</td><td colspan="5"></td></tr>
<tr><td colspan="2">教师评价</td><td colspan="5"></td></tr>
<tr><td rowspan="2">小组成员个人得分</td><td>姓名</td><td></td><td></td><td></td><td colspan="2"></td></tr>
<tr><td>得分</td><td></td><td></td><td></td><td colspan="2"></td></tr>
<tr><td colspan="2">说明</td><td colspan="5">小组任务得分＝小组自评×20%+小组互评×40%+教师评价×40%。
小组成员个人得分由小组长和教师根据个人任务完成中的工作情况分配分数</td></tr>
</table>

案例阅读

某日傍晚6时许，某星级酒店的大堂内灯火辉煌，宾客如云。总台接待员小吴正忙着为抵店的宾客办理入住手续。这时，两位操着外地口音的宾客来到总台。其中一位姓马的宾客对小吴说："我们要一间双人房。"小吴报以微笑，并亲切地说道："好的，请稍等，我为这位宾客办理完手续后，马上为您安排。"

那位姓马的宾客有些急躁地说："今晚7点40分，我们要外出谈生意，签协议，你能不能先替我们办理！"小吴连忙应答，一边继续办理前一位宾客的相关手续，一边用电脑为马先生查看空房。不到半分钟，小吴抬头询问道："现在空房倒还有几间，但房价比标准间略高，是朝大花园的，每晚280元，您看如何？"

此时，那位姓马的宾客竟怒气冲天："怎么，上午我曾电话问过房价，你们酒店员工回答说每间228元，为什么到了晚上就一下子抬高到280元？真是漫天要价！”小吴刚要解释，这位姓马的宾客突然挥拳向小吴打去，小吴毫无防备，挨了一拳。他脸色煞白，正想回敬对方，猛然想到自己在岗，应扮演好岗位角色，绝不可意气用事。于是，他仍然克制自己并用正常语气解释道：“228元的客房已全部住满了，280元还有几间，是朝向美丽花园的，楼层也不一样。我建议你们尽快办理入住手续，还可以准时外出谈生意。请允许我提醒先生，有问题尽可以用语言表达。”

这时在旁边的另一位冯先生感到马先生理亏，便想找个台阶收场，劝道：“这位接待员态度不错，我们赶快住下吧！”马先生见势也软了下来，小吴便为其排房，并让行李员将宾客行李送往房间。

时隔两天，那位马先生也认识到自己的过错，终于在离店结账时向接待员小吴表示歉意。

案例反思：

面对失态的宾客，总台接待员小吴忍住委屈坚守岗位，平心静气地与其进行沟通，展现了自己及酒店的形象，顺利化解了与宾客的矛盾冲突，完成了客房预订服务，赢得了宾客的好感。

【前厅英语】

advance reservation 临时预订

confirmed reservation 确认类预订

guaranteed reservation 保证类预订

individual reservation 散客预订/个人预订

team booking 团队预订

do you have a reservation? 请问您有预订吗？

课后作业

一、填空题

1. 客人或代理机构为住店客人在抵店前与酒店预订部门所达成的订约称为__________。

2. 客房预订的方式有__________、__________、__________、__________、__________、__________。

3. 酒店预订类型包括__________、__________和__________三种。

4. 预订方式通常分为__________和__________两种形式。

5. 确认预订的方式一般有两种：__________和__________。

二、判断题

1. 酒店一般会在前厅部设有预订处或预订部，专门受理客房预订业务。（　　）

2. 客房预订的重要性表现在：满足客人的住宿需要、开拓市场，稳定客源、提高酒店的服务质量。 (　　)

3. 临时性预订是客人通过支付一定数量的预付款、与酒店签订房合同或用信用卡授权等形式向酒店保证前来投宿，否则将承担经济责任。 (　　)

4. 接听电话必须在电话铃响五声之内接起电话。 (　　)

5. 确认预订时，电话确认是在客人即将抵达酒店前一个小时左右联系，书面确认则在 1~2 日前。 (　　)

三、问答题

1. 简述客房预订基本程序。

2. 接受信函预订时预订人员应注意哪些方面？

任务二 入住服务

【任务情境】

在前厅工作了一段时间后，拉拉发现每位客人入住（不管是否有预订）都需要办理入住登记手续。她想：为什么不能简化程序，帮助有预订的客人和常客更快捷地办理入住手续呢？

【任务工单】

任务名称	入住服务		
班级		所属小组	第______小组
工作任务	通过积极参与前厅工作，拉拉掌握了入住服务的工作要点。为了使拉拉更好地提升工作技能，前厅经理为其设置入住服务工作情景模拟考核		
任务目的	掌握入住服务的工作要点；提升入住服务工作水平，顺利地为客人提供入住服务		
任务实施要求	（1）明确入住服务工作要点； （2）小组成员共同完成任务； （3）各个小组积极讨论入住服务的工作内容，并进行小组模拟入住服务		
任务实施步骤	（1）小组成员分工； （2）查阅资料，掌握入住服务工作的有关内容； （3）小组排练，模拟入住服务工作情境； （4）制作汇报 PPT； （5）课堂汇报，小组互评； （6）教师点评、总结		
任务成果形式	入住服务工作情景模拟考核		

知识准备

一、办理入住登记的必要性

住宿登记是整个入住接待服务过程中一个必要的、关键的阶段，也是客人与酒店之间建立正式合法关系的基本环节。总台对散客（有预订和无预订）、团队客人和 VIP 客人都要依照国家出入境管理法规及酒店、旅馆住宿登记的有关制度办理入住登记手续。酒店入住登记工作的必要性主要反映在以下几个方面。

（1）办理住宿登记遵守的是国家法律中有关户口管理的规定。按照国家法律的规定，酒店应认真负责地为客人办理住宿登记手续，登记和记录客人的姓名、性别、国籍、出生年月、有效住址、职业、有效证件的名称与号码等详细资料。

（2）办理住宿登记可以使酒店获得客人的相关信息。通过办理入住登记手续，酒店可以获得客人的姓名、职业、国籍、住宿天数、离店日期、付款方式、房型、房价等基本信息，这对搞好酒店经营与服务十分重要。

（3）办理入住登记是客人对所需客房和房价的确认过程。对于预订客人，客人与接待员可通过入住登记过程核实订房的相关内容；而对于未预订客人，接待员可通过客人所登记的详细资料准确地为客人分配房间。同时，根据营业季节、状况的变化，在客人入住登记时，接待员按照有关规定，也可以依据客人自身情况和客房的状况进行分房及适当调整房价。

（4）办理入住登记为酒店相应表格、文件的形成提供了可靠依据（图 2. 10）。通过办理入住登记能够获得住客资料，酒店可在此基础上制作出各种相关的表格及文件，这是酒店营运、管理所不可缺少的依据，也是酒店安排订房，控制客房状况、财务收支，以及提供其他服务的基础。

图 2. 10 旅客住宿登记表

5. 办理入住登记是向客人推销酒店其他设施和服务项目的大好时机。大多数客人开始并不一定了解酒店的设施和服务内容，接待员可在为客人办理入住登记的过程中，抓住时机，运用技巧，进行再推销。在介绍客房的基础上，进一步使客人了解酒店提供的其他设施和服务项目，迎合客人的心理需求，为酒店带来更多的效益。

二、入住接待程序

客人抵店时，可能经过长时间旅行，希望接待员能够提供热情周到、高效率的入住接待服务。因此，接待处的主要工作就是根据客人的不同要求，合理地分配房间，有条不紊地为客人办理入住登记手续，尽量缩短办理入住登记的时间，力争使每一位客人满意，使客人对酒店形成良好的第一印象。

(一) 散客入住登记

无预订的散客入住时，总台接待人员的工作程序有如下几个方面。

(1) 客人抵店到达总台办理入住登记手续时，接待员须主动、热情地打招呼，问明客人系无预订后，应有技巧地推销客房（特别是第一次入住的客人），原则上按高、中、低顺序推销，介绍房间特点、房价及附加费，如客人要求的房类已售完，应主动推销其他房类。

(2) 问清客人所持的证件，上传身份证件号码等信息，一定要让客人在登记表上签字（这是为了防止客人逃账后，银行要求酒店出示客人在住证明，此签字可提供有效证据）。客人填完后，接待员须按公安局规定上传公安系统。检查所填表格是否符合要求，如客人所持证件不符合要求，应礼貌地请客人出示合法证件，进行更正。若境外客人持有多份证件，则以盖有入境签章的证件为准。

(3) 客人填写登记表时，接待员须从电脑中查询客人的住店历史资料，如达到酒店房价优惠政策及标准，须主动告诉客人，并按优惠政策予以房价折扣。

(4) 迅速从电脑中查找客人所需房号，将房卡（图 2.11）制作好，填写欢迎卡，并请客人签字。

图 2.11　房卡

(5) 接待员须向客人说明酒店在大堂前台收银处备有为其免费提供的保险箱。

(6) 有礼貌地询问客人付款方式，付现金者须收取押金。使用信用卡的客人，须查验该卡是否为持卡人本人的卡、是否在使用有效期内，同时将卡号写在登记表上作为银行收款凭证。

(7) 接待员在登记过程中，应至少3次称呼客人姓氏，将物品递交给客人时，应将物品正面朝客人方向，用双手轻推向客人或递到客人手中（图2.12）。

(8) 办理完毕登记手续后，将房卡交给客人并指引客人电梯方向，同时祝愿客人住店愉快。

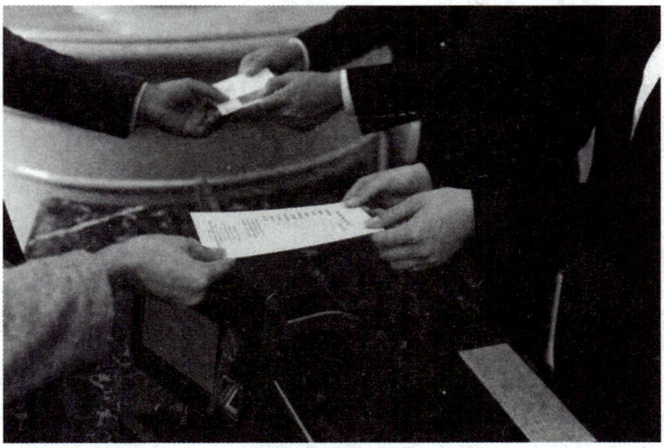

图2.12 双手递送

(9) 客人离开总台后，立即通知房务中心，以便做好住客后续服务。

(10) 及时将客人资料输入电脑以供其他部门查询。在入住高峰，有时接待员会来不及做电脑处理，此时一定要先将电脑中此客人资料改成入住状态，并输入客人的正确名字，其余资料可待空闲时再做补充。

(11) 登记单填写完整，首联与订单附在一起留总台存档，第二联交予客人作为押金单据，第三联交财务存档。以下三种情况需让收银员在首联入住登记单上签字。

·客人已刷信用卡，接待员应将卡单随同入住登记单尾联交收银员。

·客人持酒店免费房券入住，接待员应将酒店免费房券连同入住登记单位联交财务。

·客人订房时附有转账传真或订单，接待员应将传真及订单连同入住登记单尾联交财务。

以上凭证交收银员后，须让收银员签字作为收到证据，避免发生部门之间的扯皮。

(12) 有时酒店一些部门经理会提出超出规范的要求，如低房价住高楼层，免收押金，免登记，退房时可挂账等。遇到这种情况，接待员应请该经理在登记表或交班本上签字授权，同时在电脑中备注并做好待单手续。

（二）团队入住登记

团队客人入住时，总台接待人员的工作程序有如下几个方面。

(1) 通常情况下，接待员会在团队抵店的前一天收到营销部的团队订房通知单。

(2) 排房由大夜班接待员负责。大夜班接待员须根据预期离店表和空房资料做好团队预订及进行排房。排房原则有如下几种情况。

·团队应从低楼层安排起，只有在低楼层客房已住满时方可安排高楼层。

·如订单上注明为VIP团者，应安排较好楼层。

·团队应集中楼层，若无法安排同一楼层，则应尽量安排相近楼层。

·由于团队行程相对固定，大夜班员工排房时，应优先考虑次日离店的团队房，而散客离店日期较不稳定，原则上不予考虑。

（3）早班接待员于早上8：00之前将团队排房表送交房务中心和总机，确保房间在团队抵店前准备就绪。

（4）通常情况下，接待员须在团队抵店前复查预留房状况，并将房卡钥匙装入房卡钥匙袋中，在袋上注明团号、房号。每个团队钥匙集中在一起，与该团队订房通知单一起放在特定位置上。重要团队钥匙袋上要贴上“说明”。团队抵店时，接待员须再次检查房间，确保房间都处于待售状态

（5）在陪同的配合下，接待员须先确认该团团号、房数、人数、住店过夜次数，从何处来、去何处等，然后将房号表交领队或陪同分房。如该团队房数及人数有增减，需及时请示营业部人员，与其确认（转账团增开业务必须联系营业部人员处理）。

（6）领队分完房后，接待员须将领队交还的分房表上的房号、房数与订房单确认无误后，将分房表复印两份，一份交行李部，一份留存。此外，接待员还须向领队索要一份含有团队成员所有证件详细资料的名表，以便向公安局申报。

（7）向陪同收取团队房卡钥匙押金后，将团队房卡钥匙当面清点给陪同或领队。收取房卡钥匙押金的目的是督促陪同在团队退房时将房卡钥匙全部收回，避免出现客人漏交房卡钥匙的现象。团队客人安排好后，方可安排陪同房，原则上不同团队的陪同可安排在同一房间，客房紧张时不可加床，接待员不得擅自安排陪同住单间。

（8）问清该团的叫早时间、用餐时间以及送出行李时间。正常提供叫早时间为7：00，如早餐时间在7：00之前或8：00之后（含8：00），须及时通知宴会预订或大堂副理更改。一般而言，叫早时间由中班接待员填写。

（9）接待员须及时将团队房号电话告知房务中心和总机，包括陪同或司机的房号。

（10）将团队成员资料包括姓名、证件号码、签证号码、签证有效期、出生日期准确输入电脑，随后打印出两份团队成员名表。

（11）做好交班本记录。记录规范为：电脑代号+团号+接待旅行社名称+团员国籍+团队付款方式+原订房数+原订人数+原订陪同数+实到房数+实到人数+实到陪同人数+陪同姓名及房号+押金+叫早时间+早餐时间+送出行李时间。

（12）如果团队是现付团，接待员需在团队客人上房后，让陪同到收银处将团款付清。

（13）团队于零时尚未到店时（除已预先通知），须报知营销部和大堂经理。

（14）团队陪同或成员的房费不与团队一起结算的，须在电脑中设置转账功能无效。

（15）团队房价须保密，不得让客人或陪同知道。为避免客人或陪同看到房价，接待员在核对时，订单必须放在客人无法看到的地方，更不能将订单交给客人或陪同查看，但现付团或转账团的付款人或陪同不受此限。

（16）团队离店时，接待员应积极配合陪同收回团队钥匙，督促客人将杂项费用结清后再离店。

（17）团队离店后，接待员应将订单连同电脑打出的名单及团队入住登记表钉好，按日期顺序存入团队订单夹中备查。

（三）贵宾入住登记

接待贵宾入住时，总台接待员需要注意以下几点。

（1）接待员接到贵宾订房单时，通常情况下须提前 1~2 天将客房预留好。除特别规定外，房间尽量安排较好的楼层，同时集中楼层，若出现房间紧张的情况，须报请上级。

（2）接待员确认房号无误后，将房号报给订房部，由订房部制作出 VIP 报告，并复制多份，分别送至营销部、房务中心、总经理、前台、大堂副理等。

（3）根据接待单位提供的名单，事先将酒店欢迎卡（图 2.13）、餐券等填好，同房卡钥匙一起装入房卡钥匙袋。设法了解贵宾抵店具体时间，以便及时准备好客房。

图 2.13　酒店欢迎卡

（4）贵宾抵店后，立即将准备好的钥匙递交给接待人员，先让客人进房休息，后请接待人员帮忙收取证件或由大堂副理到客房为其办理登记手续。

（5）及时将房号电话通知房务中心和总机，必要时还应通知总经理及大堂副理。

（6）及时准确地将入住客人的资料输入电脑，如有要求保密的须做好保密工作。

【任务实施】

学生分组讨论入住服务相关知识，并进行入住服务情景模拟。

【任务评价】

<table>
<tr><th>序号</th><th colspan="2">考核内容</th><th colspan="2">考核要点</th><th>应得分</th><th>自评分</th><th>互评分</th><th>教师评分</th></tr>
<tr><td>1</td><td colspan="2">办理入住登记的必要性</td><td colspan="2">正确认识入住登记的必要性</td><td>20</td><td></td><td></td><td></td></tr>
<tr><td>2</td><td colspan="2">入住接待程序</td><td colspan="2">掌握散客入住登记、团队入住登记、贵宾入住登记的要点</td><td>50</td><td></td><td></td><td></td></tr>
<tr><td>3</td><td colspan="2">入住服务情景模拟</td><td colspan="2">服务流程规范、熟练、得体</td><td>30</td><td></td><td></td><td></td></tr>
<tr><td colspan="5">总分</td><td>100</td><td></td><td></td><td></td></tr>
<tr><td colspan="2">小组自评</td><td colspan="7"></td></tr>
<tr><td colspan="2">小组互评</td><td colspan="7"></td></tr>
<tr><td colspan="2">教师评价</td><td colspan="7"></td></tr>
<tr><td rowspan="2">小组成员个人得分</td><td>姓名</td><td></td><td></td><td></td><td colspan="4"></td></tr>
<tr><td>得分</td><td></td><td></td><td></td><td colspan="4"></td></tr>
<tr><td colspan="2">说明</td><td colspan="7">小组任务得分＝小组自评×20%+小组互评×40%+教师评价×40%。
小组成员个人得分由小组长和教师根据个人任务完成中的工作情况分配分数</td></tr>
</table>

案例阅读

北京某酒店的前台问询处，几名年轻的员工正在忙于接待办理入住和离店手续的客人。此时，只见大门入口处走进两位西装革履的中年人，提着一个看上去有点重量的箱子径直往问询处走来。

“您好，需要我效劳吗?”刚放下电话的小马很有礼貌地主动问道。

“有件事想麻烦一下。”其中一位戴眼镜的中年人说话有点腼腆，他似乎不知从何说起，稍许停顿一下后，目光对着地上的那只箱子。

“我们一定尽力而为，请您说吧。”小马真心实意地鼓励他。

“我们是某公司的驻京代表，这里是一箱资料。要尽快交给我公司总经理，他定于今天15：00到达这里。我们下午不能来迎接，所以想把箱子先放在酒店里，待总经理一到请你们交给他本人。”

“请放心，我们一定办到。”小马再三保证。

15：00已到，那家公司的总经理还未抵店，小马打电话到机场，获知飞机没有误点。但因那两位中年人没有留下电话和地址，所以小马别无选择，只能再等下去。又是两个小时过去了，总经理仍然没有来。突然，电话铃响了。

“问询处吗？今天早上我们留在前台的一箱资料本是想交给我们总经理的。刚才接到总经理的电话，说他被一位住在××酒店的朋友邀去，决定就住在那里，而那箱资料是他急用的……”还是戴眼镜的驻京代表的声音。

“您不用着急，我会设法把箱子立刻送到××酒店的。”

小马放下电话立即安排一位员工办理此事，半小时后，那位驻京代表又打来电话，但小马已经下班了。“请转达小马，箱子已经送到，十分感谢。我们的总经理改变主意住到了别的酒店，你们不但没有计较，还为我们服务得那么好，真不知如何表达我们的感激。总经理说，下回一定要住你们的酒店。”对方诚恳地说道。

案例反思：

为住店客人寄存行李或贵重物品是酒店的常规服务内容，但该酒店前台问询处主动承接未到客人的物品，这是一种超常规服务。该公司并未为总经理预订客房，小马在客人没有肯定入住本店的前提下答应为客人保存资料箱，这是难能可贵的。不仅如此，小马还主动与机场联系，了解班机飞行情况，下班时又能主动交接，体现了优秀员工的高度责任心。最令人感动的是，当客人住到别的酒店时，酒店问询处不但不恼火，仍满足了他的需求。酒店的优质服务牢牢印在了客人的脑海中，他们理所当然地成了该酒店的潜在客人和“义务宣传员”。

【前厅英语】

check-in 入住登记

check-out 结账服务

postpone 延期

cancel 取消

room rate 房价

room type 房型

课后作业

一、填空题

1. 为客人办理入住时，要有礼貌地询问客人付款方式，付现金者须收取__________。
2. 团队排房应从__________楼层安排起。
3. 团队排房应集中楼层，尽量为同一团队安排在__________。
4. 接待员接到__________订房单时，通常情况下须提前1~2天将客房预留好。
5. 接待员在登记过程中，应至少__________次称呼客人姓氏。

二、判断题

1. 常客入住可以不办理入住登记而直接入住。 (　　)

2. 接待员应有技巧地向客人推销客房，原则上按楼层的高、中、低顺序推销。（　　）

3. 接待处的主要工作就是根据客人的不同要求，合理地分配房间，有条不紊地为客人办理入住登记手续，所以办理入住登记的时间长点也没有关系。（　　）

4. 在为团队客人排房时，应优先考虑次日离店的散客房。（　　）

5. VIP 客人入住可以不办理入住登记而直接入住。（　　）

三、问答题

1. 为什么要办理入住登记手续？

2. 简述无预订散客入住的流程。

任务三 迎宾服务

【任务情境】

在酒店中餐厅门口，拉拉正焦急地等待一个旅游团的到来，他们已经迟到一个半小时了。正在这时，另一个导游带着另一批客人来到餐厅门口。导游说："我们团队没有预定，由于飞机的延误，想在你们餐厅就餐。"拉拉一听，马上与餐厅经理联系，取得经理的同意后，将他们安排到原来预定的旅游团的餐位上。他们刚刚开始就餐，原来预定的旅游团就赶到了。

拉拉忙上前向导游解释道："实在对不起，先生。由于你们已超时预定时间很久了，所以您原来预定的餐位已经被人占用。大家先在休息室休息一下好吗？我们马上为您安排。"然后拉拉赶回餐厅，告诉经理马上准备。在这期间，拉拉又两次来到休息室照顾客人，告知餐厅的准备情况。15 分钟后，餐厅准备好了，客人们高兴地开始就餐。

【任务工单】

任务名称	迎宾服务		
班级		所属小组	第______小组
工作任务	拉拉顺利地解决了两个旅游团就餐问题，受到客人的一致好评。前厅经理让拉拉通过观摩学习，掌握迎宾服务的工作要点，并为其设置迎宾服务工作情景模拟考核。		
任务目的	掌握在机场和前台迎接客人的服务程序与要点；能独立完成迎宾服务工作		
任务实施要求	(1) 掌握迎宾服务的工作内容； (2) 小组成员共同完成任务； (3) 各个小组积极讨论预订服务的工作内容，并进行小组模拟预订服务		
任务实施步骤	(1) 小组成员分工； (2) 查阅资料，掌握迎宾服务工作的有关内容； (3) 小组排练，模拟迎宾服务工作情境； (4) 制作汇报 PPT； (5) 课堂汇报，小组互评； (6) 教师点评、总结		
任务成果形式	迎宾服务工作情景模拟考核		

《知 识 准 备》

一、店前迎宾服务

店前迎宾服务（图 2.14）是酒店对客服务的重要环节，是酒店对客人来店的一种礼遇，也是客人进入酒店的第一项面对面的服务，是酒店服务水准的体现。抵店迎接工作主要由迎宾员和行李员担任。抵店迎接工作在酒店大门进行，要特别注意大门保持整洁、庄严，让客人到来有一种醒目、精神、气派的感觉。服务人员要承担迎送、调车、协助做好警卫工作等。其服务程序有如下几个方面。

图 2.14　店前迎宾服务

（一）客人乘车到来

（1）宾客的车辆停妥后，迎送员应该迅速跑近开启车门的最佳位置，热情相迎，拉开车门，向客人表示欢迎；先开前门，再开后门，然后站在后门为客人服务。其动作是右手拉开车门，左手放在车门上方，并提醒客人“小心碰头”（图 2.15）。但要注意，凡是信仰伊斯兰教的客人，因教规、习俗所致，不能为其护顶。判断这两种客人的依据，主要靠观察客人的着装、言谈举止、外貌及自己积累的工作经验等。如一时无法定论，则可将手抬起而不护顶，但应做好防范准备。

图 2.15　为客人开车门

（2）开关车门要轻。如遇雨天还须为客人打伞。对老弱病残幼客人，要主动搀扶。

（3）迎宾员要协助行李员卸下行李，并注意查看车内有无遗留物品，然后关门，退后一步，向司机道谢。

（4）客人下车后，由迎宾员或保安员将车引到适当地方，以免交通堵塞。与此同时，由行李员或迎宾员领引客人到大厅开房处，把客人介绍给开房员，办理入住登记手续。

（5）如暂时没有行李员，迎宾员主动帮助客人将行李卸下（图 2.16），当面和客人点清件数，把行李搬入大厅，并告诉行李员件数，是哪些客人的以及车牌号码，如无行李员则与主管交接，然后迅速返回工作岗位。

图 2.16　卸下行李

（二）团体客人到达时的迎接

待车开到门前指定位置停稳，车门开后，迎宾员上前向客人致意，欢迎客人到来，并协助客人下车；因大客车车门较高，要特别注意老人、小孩、残疾人、妇女客人下车。客人下车后由陪同或迎宾员上车检查车上有无客人遗漏的物品，然后让车离开，并引领客人到大厅开房处办理住房登记手续。特别要注意的是团体宾客到达时，应主动连续向各位宾客或是点头致意，或是躬身施礼（图 2.17），不要形成为省事而只顾前不顾后的局面，容易给客人造成厚此薄彼的印象。问候时精力要集中，要注视宾客，不要左顾右盼。遇到有些宾客先致意时，不要坦然接受，无动于衷，应及时还礼。

图 2.17　躬身行礼

（三）徒步抵店客人的迎接

客人徒步到来，迎宾员应主动上前亲切问候，表示欢迎，并道“欢迎光临”，并帮助客人提拿行李，到大门边请行李员帮助提拿行李，并引领客人到大厅开房处，办理入住手续。

遇到重要客人要能准确礼貌地称呼客人的姓名，以示对客人的尊重。

二、站、场迎接

站、场迎接，是酒店派员工到飞机场、火车站、客运码头迎接来店客人的服务。站、场迎接是现代酒店在市场竞争中，作为提高服务水平，争取更多顾客的重要措施，大型酒店设有专职部门、专职人员（称酒店代表）负责此项工作。站、场迎接包括迎接已预订房间的客人，也包括未经预订临时前来投宿的客人。一般来说，站、场迎接应以前者为主，临时客人，只要酒店尚有空房待售，便应一视同仁，均在迎接之列，若酒店客房已满，应婉言解释，请客人谅解。站、场迎接工作，一般按如下程序进行。

（一）站、场迎接的准备工作

（1）酒店代表每天晚上向预订部门了解第二天抵店客人的名单，了解他们是否需要到站场迎接，他们所乘交通工具、抵达时间，其中有无需要特别照顾的客人，如有无病、残人员等。

（2）了解第二天到店客人中，有无VIP客人，按什么规格迎接，一般有专门批示，若不明确，可请示大堂副理。

（3）向开房部门了解第二天还有多少可售客房，以便迎接临时投宿的客人。

（4）按客人抵达的时间分批迎接，按每批抵达的人数，迎接要求，向车管部门联系订车，如大客车、旅行小巴、小客车、行李车等。站、场迎接工作应注意与站、场送客协调起来，尽可能做到先送后接，利于节约人力、物力，同时方便客人。

（二）进场迎接

（1）比飞机或火车到达时间提前20分钟到达，有的大型酒店在机场、车站设有服务处，有鲜明的酒店标志，客人很容易看到。若酒店在机场、车站没有设服务处，酒店代表应随身带有酒店标志，放挂在显眼的地方，以便客人辨认。

（2）客人到来，酒店代表应主动上前，热情向客人询问："您是×先生或×小姐吗？"并做自我介绍："我是×酒店代表，我叫×××。"并欢迎客人抵达和问候。然后问客人有无托运行李、是否需要帮助领取行李等（图2.18）。若客人需要过边防、海关的，则请客人先行过关；若客人不需要过关，则先领客人上车就座，等候行李，客人行李领出后，要请客人清点行李；若客人自领行李，则要帮助客人提挪行李。要是多位客人，需要人到齐，行李无误，

图2.18　迎接客人

方可关门开车，送客人到酒店。

(3) 若是迎接多批客人，有多个酒店代表，则可分头照顾，若只有一个酒店代表，手续办好一批，先走一批，无人跟车，可由司机关照。VIP 客人，则应专人、专车迎接。

(4) 迎接团体客人。接到客人，先安排客人上车休息，并收取客人的行李牌，代客人领取行李。客人可先乘车回酒店，行李由酒店代表随后领出运回，若客人要求行李跟随，则应按客人要求办理。迎接团体客人，要特别注意点齐人数，点齐行李，防止漏人漏物，对客人中的小孩、老人、病残要特别留心关照。

(三) 临时散客的迎接

在机场、车站、码头，若有临时前来投宿的客人，只要有空房，便应接待，既方便客人，也为酒店增加收入，与预订客人一样热情迎接。由于客房状况经常变动，为了能做好此类客人的迎接，酒店代表最好配备对讲机，与开房部门保持经常联系。

三、其他日常工作

见到宾客光临，不应以貌取人，而要一视同仁。应主动上前亲切问候，表示对宾客到来的欢迎。同时用手示意客人进入酒店大厅，若非自动门或旋转门时，要为客人拉开酒店的正门。拉门时应精力集中，以防出现意外。

准确回答客人的问询，初到异地的客人，一下车就会有许多好奇心。例如，询问酒店的情况、本地的情况等，迎宾员因其特殊的前沿岗位，经常会遇到客人的问询，迎宾员应给客人正确肯定的答案。

对来访者也要礼貌接待，不可态度生硬地把来访者拒之门外。

在站岗值勤时，要有高度的责任感，注意力要集中，随时观察哪位客人需要帮助（图 2.19）。如果见到客人有欲询问又止的样子时，应迅速做出反应，主动上前招呼，不可视而不见或是犹豫不决。同时，也应配合安全部门人员，注意观察出入酒店者的动向，如遇到形迹可疑人员，应引起警觉，及时通知有关部门。

图 2.19 帮助客人

协助安保人员指挥门前车辆的出入。遇到客人需要乘坐出租车，应帮助联系。目前各大酒店门前出租车较多，联系车辆时，应根据客人需要和有关规定，尊重等候出租车的排列次序，以免造成误会和麻烦。如碰巧赶上暂时无车，应先安慰客人，再设法多方联系。联系时如需要打电话，应尽可能当着客人的面进行，让客人觉得你确实是急他人之所急，在尽力帮助他解决困难，同时也给他留下迎接人员办事令人可信的印象。

与住店客人见面相遇时都应微笑打招呼，且敬语当先，如“王先生，早上好！”“张小姐，您需要帮忙吗？”等。

【任务实施】

学生分组讨论迎宾服务相关知识，并进行迎宾服务情景模拟。

【任务评价】

序号	考核内容	考核要点	应得分	自评分	互评分	教师评分
1	店前迎宾服务	掌握店前迎宾服务的工作内容	30			
2	站、场迎接	做好站、场迎接的准备工作	20			
3	其他工作日常	服务流程规范、熟练、得体	10			
4	迎宾服务情景模拟	服务流程规范、熟练、得体	40			
总分			100			
小组自评						
小组互评						
教师评价						
小组成员个人得分	姓名					
	得分					
说明	小组任务得分=小组自评×20%+小组互评×40%+教师评价×40%。 小组成员个人得分由小组长和教师根据个人任务完成中的工作情况分配分数					

案例阅读

在一个秋高气爽的日子里，门童小贺穿着一身剪裁得体的新制服，迈着轻快的步伐，第一次独立地走上了门童的岗位。一辆白色的高级小轿车向酒店驶来，司机熟练而准确地将车停靠在酒店豪华大转门前的雨棚下。小贺看清车后端坐着两位身材魁梧、体格健壮的男士，前排副驾驶位上坐着一位身材较高且眉清目秀的女士，小贺一步上前，以优雅的姿态和职业性的动作，为客人打开后门，做好护顶动作，并且注目客人，致以简短欢迎词以示问候，动作麻利规范，一气呵成，无可挑剔。

关好门后，小贺迅速走到前门，准备以同样的礼仪迎接那位女士下车，但那位女士满脸不快，使小贺茫然不知所措。

通常后排座位为上座，凡有身份者皆就此座，优先为重要客人提供服务是酒店服务程序的常规。这位女士为什么不悦？小贺百思不得其解。

案例反思：

（1）女士应该得到更多的关心和尊重，这是社交场合通常应当遵循的礼仪与习惯。这位女士没有得到优先和尊重，被冷落了，因而深感不满。门童小贺错在机械地执行了服务程序和标准，缺乏作为一名服务员所应当具有的反应能力和机智灵活，没有正确处理服务规范与文化传统之间的关系。

（2）通常，资深位高的客人，坐车时取后排座者居多，因此当车内前后排均有客人时，门童拉门时的基本动作通常设定为先后面再前面，或同时拉开前后车门，再为其中认为需要护顶的客人护顶。当被服务对象发生某些变化时，服务人员应能够在基本服务程序的基础上灵活应变，提供适时、适度带有针对性的服务。

【前厅英语】

hotel greeter 酒店迎宾员

doorman 门童

bellboy 行李员

airport representative 机场代表

bellmen services 行李服务

welcome to our hotel！欢迎下榻本饭店！

课后作业

一、填空题

1. 凡是信仰__________的客人，因教规、习俗所致，不能为其护顶。

2. 站、场迎接，是酒店派员工到__________、__________、客运码头迎接来店客人的服务。

3. 大型酒店设有专职部门、专职人员负责站、场迎接，称__________。

4. 迎接团体客人，要特别注意点齐人数，点齐行李，防止漏人漏物，对客人中的__________、__________、__________要特别留心关照好。

5. 见到宾客光临，不应以貌取人，而要__________。

二、判断题

1. 凡是信仰宗教的客人，因教规、习俗所致，不能为其护顶。（　）

2. 场站迎接，只迎接预订客人，不迎接没有预订的客人。（　）

3. 酒店代表每天晚上向预订部门了解第二天抵店客人的名单，了解他们是否需要到站场迎接，他们所乘交通工具、抵达时间，其中有无需要特别照顾的客人，如有无病、残人员等。（　）

4. VIP 客人，应安排专人、专车迎接。（　）

5. 通常资深位高的客人，坐车时取后排座者居多，因此当车内前后排均有客人时，门童拉门时必须先后后前。（　）

三、问答题

1. 店前迎宾服务的工作内容有哪些？

2. 站、场迎接的准备工作有哪些？

任务四 礼宾服务

【任务情境】

郭先生第一次到 X 市时，偶然选择了拉拉所在的酒店，入住期间感觉还不错，但记忆深刻的还是在离店的时候。拉拉叮嘱郭先生清点完行李以后便将行李装车，然后将郭先生送上了出租车。汽车启动，缓缓驶出。在汽车即将驶出酒店大门的一刻，郭先生偶然回眸一望，发现拉拉居然还在酒店前厅门口向他微笑着挥手道别。这一举动让郭先生感动而难忘，这也是他以后多次入住该酒店的原因所在。

【任务工单】

任务名称	礼宾服务		
班级		所属小组	第______小组
工作任务	郭先生对拉拉赞赏有加，前厅经理认为拉拉工作非常有潜力。他让拉拉通过观摩学习，掌握礼宾服务的工作要点，并为其设置礼宾服务工作情景模拟考核		
任务目的	意识到礼宾服务工作的重要性；掌握行李服务、委托代办服务，能够顺利为客人提供礼宾服务		
任务实施要求	（1）明确礼宾服务的重要性； （2）小组成员共同完成任务； （3）各个小组积极讨论礼宾服务的工作内容，并进行小组模拟礼宾服务		
任务实施步骤	（1）小组成员分工； （2）查阅资料，掌握礼宾服务工作的有关内容； （3）小组排练，模拟礼宾服务工作情境； （4）制作汇报 PPT； （5）课堂汇报，小组互评； （6）教师点评、总结		
任务成果形式	礼宾服务工作情景模拟考核		

知识准备

礼宾服务是现代酒店对客服务中的一种新概念，它把迎送宾客服务和为进出店客人提供行李服务合为一体，并作出具体分工。按照服务程序标准化要求对上述两项服务做合理分工，突出宾客应享受的礼宾待遇。它比过去传统的行李服务的概念更能体现酒店与宾客之间的关系，拓宽了对客服务的内容。

一、礼宾服务工作的重要性

礼宾服务人员就是酒店的形象代表，礼宾服务工作的好坏，对宾客第一印象的形成起着至关重要的作用。因此，礼宾服务人员应加强修养，注重礼节，服务周到、细致，争取留给宾客良好的第一印象，加深宾客对酒店的友好感知（图 2.20）。

图 2.20　礼宾服务

礼宾服务应准确无误，对宾客的称呼要正确、体现尊重，对宾客的行李要爱护，对宾客交办的事情要询问清楚，不拖延时间，真正做好酒店的形象大使。

为了能统一指挥、协调前厅礼宾员工的对客服务，酒店常在大堂某一区域设置礼宾值班台，由礼宾司或具有经验较丰富的礼宾员工担任值班工作。

二、委托代办服务

委托代办服务是国际五星级酒店高水平、高素质服务的一个重要象征。委托代办服务范围较大，客人的要求随机性强、变化也快，需要前厅服务人员急客人之所急，竭尽全力，想方设法地为住客排忧解难，尽一切力量去满足客人的需要。要做好委托代办工作，不仅要有高度的责任心和义务感，还要有渊博的知识和勇于探索的精神，同时必须保持和发展同酒店有关单位的沟通及良好的合作关系，只有这样才能把这“一条龙”的服务办得有特色。

（一）预订车辆服务

根据预订部提供的有关通知及预抵店客人名单、国籍等信息，提前通知机场酒店代表和车队。

（二）泊车服务

泊车服务是酒店设专职车辆管理员，负责客人车辆的停放服务（图 2.21）。客人驾车到店时，泊车管理员将车辆钥匙寄存牌交给客人，礼貌地提醒客人保管好随身携带的物品，然后让客人将车辆开往停车场。泊车管理员应注意车内有无遗留的贵重物品及其他物品，车辆有无损坏之处，并将停车地点、车位号、车牌号、车型等内容填入工作记录。客人离店需用车时，出示车辆寄存牌，泊车管理员迅速将客人车辆开到酒店大门口，交给客人驾车。

图 2.21　泊车服务

（三）衣物寄存服务

酒店有宴会、舞会、文艺演出及大型会议等较大规模活动时，一般由礼宾部安排人员承担客人衣物的寄存服务。礼宾部接到提供衣物寄存服务的通知后，提前将存衣处（衣帽间）内的挂衣架、存包架、存衣牌等准备充足（图 2.22）；客人存衣物时，礼宾部员工应主动说明谢绝寄存贵重物品；将存衣牌取下交给客人，并提醒客人妥善保管存衣牌，然后将衣物上架并按顺序放好；客人凭存衣牌取衣物时，首先应核准号码，然后将衣物交给客人，并请客人当面确认衣物是否完好无缺；认真保管客人所存衣物，闲杂、无关人员不得进入存衣处。

图 2.22　存衣处

（四）外修外购服务

当客人提出修理箱包、手表、照相机等要求时，礼宾台值班员应仔细问清楚所修物品的规格、型号、时限、故障及房号、姓名等情况，并填写工作记录；外出为客人修理物品的行李员应迅速完成送修、取送任务，手续清楚，各项费用、单据齐全，符合规定；每次外出联系维修、购物等任务，完成情况均应填写工作记录。

（五）雨具出租及保管服务

礼宾部在雨雪天为客人提供雨具服务，并礼貌地提醒客人将湿雨具存放在酒店门口雨伞架上或代为暂存保管，如图 2.23 所示。

图 2.23　雨具出租及保管服务

（六）其他客人需要的服务

委托代办工作的内容是繁杂的，只要客人有需要，都可以成为委托代办的内容。但是值得一提的是，客人的正常需求不一定是酒店能够满足的，对于合理而可能的需求，酒店应该尽量满足；对于合理而不可能的要求，酒店相关人员要做好解释工作；对于不合理的要求，要坚决抵制。

三、行李服务

行李服务是前厅部向客人提供的一项重要服务。由于散客和团队客人有许多不同的特点，因而行李服务的规程也不相同。

（一）散客入住行李服务

（1）客人乘车抵达酒店时，行李员要主动上前迎接，向客人表示欢迎，如图 2.24 所示。

（2）引导客人进入前厅至总台。引领客人时，要走在客人的左前方，距离 2~3 步远。

图 2.24 行李员上前迎接

（3）等候客人。引领客人到接待处后，应站在客人身后 1.5 米处，等候客人办理入住手续。

（4）引领客人至客房。等客人办完入住登记手续后，应主动上前从接待员手中领取房间钥匙，帮助客人提拿行李（图 2.25），并引领客人到房间。途中，应热情主动地向客人介绍酒店的服务项目和设施。

图 2.25 帮助客人提拿行李

（5）乘电梯。引领客人到达电梯口时，先进入电梯，用一只手挟住电梯门，请客人先进入电梯；出梯时，请客人先出，然后继续引领客人到房间。

（6）敲门进房。到达房间门口，要先敲门，房内无反应再用钥匙开门。开门后，立即打开电源总开关，退至房门一侧，请客人先进房间。将行李放在行李架上。

（7）介绍房间设施及使用方法。简要介绍房内的主要设施及使用方法或其他应提醒客人注意的问题。

（8）退出房间。房间介绍完毕，询问客人是否还有吩咐，如无其他要求，即向客人道别，并祝客人在本店入住愉快，然后迅速离开，面向客人将房门迅速拉上。

（9）离开房间后迅速走员工通道返回礼宾部，填写散客入住行李搬运记录。

（二）散客离店行李服务

（1）遇到有客人携带行李离店时，应主动上前提供服务。

（2）当客人用电话通知礼宾部要求派人运送行李时，应有礼貌地问清房号、姓名、行李数及搬运时间等，并详细记录，然后按时到达客人所在的楼层。

（3）进入房间前，要先按门铃，再敲门，并通报行李员。征得客人同意后才能进入房间，并与客人共同清点行李件数，检查行李有无破损，然后与客人道别，迅速提着行李离开房间。如果客人要求和行李一起离开，要提醒客人不要遗留物品在房间，离开时要轻轻关门。

（4）来到大堂后，要先到收银处确认客人是否已结账。客人结账时，要站在离客人身后1.5米处等候，等待客人结账完毕，将行李送到大门口。

（5）送客人离开酒店时，再次请客人清点行李件数后再装上汽车，并向客人道谢，祝客人旅途愉快。

（6）完成行李运送工作后，填写散客离店行李搬运记录。

（三）团队行李入店服务

（1）团队行李到达时，行李员应与行李押送员一起清点行李件数，检查行李的破损及上锁情况，并在该团的“团队行李记录表”中写上行李到店的时间、件数等，核对无误后，请押送员签名。如行李有破损或异常情况，须在行李表及对方的行李交接单上注明。

（2）清点无误后，立即在每件行李上系上行李牌（图2.26），如果该团行李不能及时分送，应在适当地点码放整齐，并将该团所有行李罩在一起，妥善保管。

图2.26　行李牌

（3）在装运行李之前，再次清点检查一次。同时送两个以上团队行李时，应由多个行李员分头负责运送或分时间单独运送。

（4）行李送到楼层后，应将其放在门一侧，轻轻敲门三下，报称行李员。客人开门后，把行李送入房间内，等客人确认后，向客人道别，迅速离开房间。如果客人不在房间，应将行李先放在房间行李架上。

(5) 行李分送完毕，及时填写“团队行李进出店登记表”。

(四) 团队行李离店服务

(1) 按接待单位所定的运送行李时间，带上该团队订单和已核对好的行李记录表，出动取行李车，上楼层取行李。

(2) 上楼层后，按已核对的团队订单上的房号逐渐收取行李，并做好记录，收取行李时还要辨明行李上所挂的标志是否一致。

(3) 行李装车后，立即将行李拉到指定位置，整齐排列好，与陪同（或领队）核对件数是否相符，如无差错，请陪同在团队订单和行李记录表上签名，行李员同时签名。

(4) 行李离店前，应有人专门看管。团队接待单位来运送行李时，需认真核对要求运送的团队名称、人数等，无误后才将行李交给对方，并请来人在团队订单和行李记录表上签名。

(5) 行李完成交接后，将团队订单和行李记录表交回礼宾部并存档。

(五) 行李存取服务

(1) 客人要求寄存行李时，应主动问好，礼貌服务。

(2) 请客人出示房卡，确认客人身份。原则上只为住店客人提供免费寄存服务。

(3) 礼貌地询问客人行李中是否有酒店不准寄存的物品。

(4) 问清行李件数、提取时间及姓名、房号等，检查行李的破损情况，填写一式两份的行李寄存卡，其中一份交给客人，作为取行李的凭证；另一份系在所寄存的行李上，同时做好行李暂存记录。

(5) 将行李放入行李房中时，分格整齐摆放。同一客人的行李要集中摆放，并用绳子串在一起。

(6) 客人提取行李时，先请客人出示行李寄存凭证（图 2.27），然后与系在行李上的寄存卡核对，如果两部分完全吻合，当面点清行李件数，然后把行李交给客人，并请客人在行李暂存记录上签字。

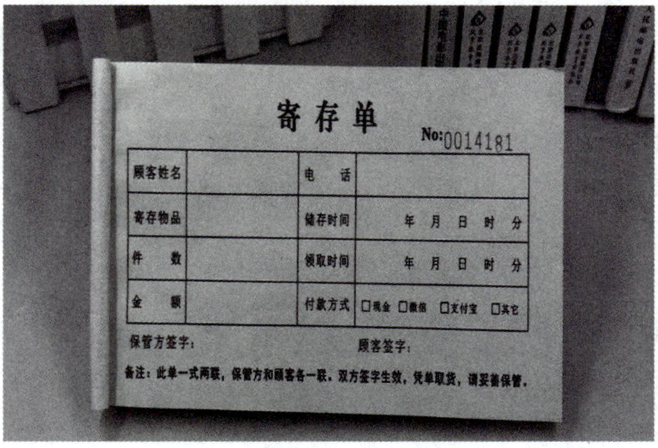

图 2.27 行李寄存凭证

（7）若客人丢失寄存卡，一定要凭借足以证实客人身份的证件放行行李，并要求客人写出行李已取的证明。若不是客人本人来领取，一定要请他人出示证件，登记证件号码，并要求写出行李已取的证明，否则不予放行。

四、“金钥匙”服务

“金钥匙”是一种“委托代办”（Concierge）的服务概念。“Concierge”一词最早起源于法国，指古代酒店的守门人，负责迎来送往和保管酒店的钥匙。但随着酒店业的发展，其工作范围在不断扩大，在现代酒店业中，Concierge 已成为客人提供全方位“一条龙”服务的岗位，只要不违反道德和法律，任何事情 Concierge 都尽力办到，以满足客人的要求。其代表人物就是他们的首领“金钥匙”，他们见多识广、经验丰富、谦虚热情、彬彬有礼、善解人意。国际酒店金钥匙会徽和中国金钥匙会徽如图 2. 28 所示。

图 2. 28　国际酒店金钥匙会徽和中国金钥匙会徽

“金钥匙”通常身着燕尾服，上面别着十字形金钥匙，这是“国际酒店金钥匙组织联合会”会员的标志，它象征着“Concierge”就如同万能的“金钥匙”一般，可以为客人解决一切难题。“金钥匙”尽管不是无所不能，但一定要做到竭尽所能。这就是“金钥匙”的服务哲学。

金钥匙岗位职责主要有如下内容。

（1）全方位满足住店客人提出的特殊要求，并提供多种服务，如行李服务、托婴服务、沙龙约会、推荐特色餐馆、导游、导购等。

（2）协助大堂副理处理酒店各类投诉。

（3）保持个人的职业形象，以大方得体的仪表、亲切自然的言谈举止迎送抵、离酒店的每一位宾客。

（4）检查大厅及其他公共活动区域。

（5）协同保安部对行为不轨的客人进行调查。

（6）对行李员工作活动进行管理和控制，并做好有关记录。

（7）将上级命令、所有重要事件或事情记在行李员、门童交接班本上，每日早晨呈交前厅经理，以便查询。

（8）控制酒店门前的车辆活动。

（9）对受前厅部经理委派的行李员进行指导和训练。

（10）在客人登记注册时，指导每个行李员帮助客人。

（11）与团队协调关系，使团队行李顺利运送。

（12）确保行李房和酒店前厅的卫生清洁。

（13）保证大门外、门内、大厅三个岗位有人值班。

（14）随时检查行李车、行李存放架、轮椅等设施，保证行李部服务设备运转正常。

【任务实施】

学生分组讨论，模拟宾客寄存和领取行李的服务流程。

【任务评价】

<table>
<tr><th>序号</th><th>考核内容</th><th>考核要点</th><th>应得分</th><th>自评分</th><th>互评分</th><th>教师评分</th></tr>
<tr><td>1</td><td>礼宾服务工作的重要性</td><td>正确认识礼宾服务工作的重要性</td><td>20</td><td></td><td></td><td></td></tr>
<tr><td>2</td><td>委托代办服务</td><td>掌握委托代办服务的工作内容</td><td>30</td><td></td><td></td><td></td></tr>
<tr><td>3</td><td>行李服务</td><td>掌握委托代办服务的工作内容</td><td>40</td><td></td><td></td><td></td></tr>
<tr><td>4</td><td>“金钥匙”服务</td><td>能够正确阐释“金钥匙”服务的相关知识</td><td>10</td><td></td><td></td><td></td></tr>
<tr><td colspan="3">总分</td><td>100</td><td></td><td></td><td></td></tr>
<tr><td colspan="2">小组自评</td><td colspan="5"></td></tr>
<tr><td colspan="2">小组互评</td><td colspan="5"></td></tr>
<tr><td colspan="2">教师评价</td><td colspan="5"></td></tr>
<tr><td rowspan="2">小组成员个人得分</td><td>姓名</td><td></td><td></td><td></td><td colspan="2"></td></tr>
<tr><td>得分</td><td></td><td></td><td></td><td colspan="2"></td></tr>
<tr><td colspan="2">说明</td><td colspan="5">小组任务得分=小组自评×20%+小组互评×40%+教师评价×40%。
小组成员个人得分由小组长和教师根据个人任务完成中的工作情况分配分数</td></tr>
</table>

案例阅读

某大学教授打电话给某市某酒店，告知酒店自己同意邀请，来为酒店工作人员讲课。他将于次日飞抵该市，请酒店工作人员届时到机场接机。该酒店工作人员接听电话时，满口答应。但当第二天教授走出机场时左右环顾，却发现无人接站，静等了十几分钟，仍无人前来。教授只能搭出租车去该酒店。教授前往总台登记入住，问起总台是否知道他来店，前厅部经理说知道，已安排好相关事宜。教授奇怪地问他们怎么没来接站。前厅经理“哦”了一声，连忙道歉说“忘了”。原来事情是这样的，工作人员打电话给前厅部经理让他安排教授的食宿，又让他转告车队派车去接人。当时总台客人很多，前厅部经理匆匆安排了孙教授的住房，但忘记转告车队订车的事了。

案例反思：

礼宾服务当中，没有记录或记录不准确，而口头传递经营管理信息的可靠性是很差的，也很不规范。在酒店的标准化管理中，用文字传递信息是很重要的一条规范，这样可以避免以上差错的发生。

【前厅英语】

Concierge 礼宾部

Luggage Depository 行李存放处

Check Baggage 行李寄存

Bell Captains Desk 礼宾值班台

May I help you?　请问您需要帮忙吗?

What can I do for you? 有什么可以帮到您?

课后作业

一、填空题

1. 礼宾服务应准确无误，对宾客的称呼要________、________。
2. 酒店的委托代办服务包含有：________、________、________、________、________以及其他客人需要的服务。
3. ________是酒店设专职车辆管理员，负责客人车辆的停放服务。
4. 客人要求寄存行李，原则上只为________提供免费寄存服务。
5. 委托代办服务的代表人物叫“________”。

二、判断题

1. 只要客人有需要，让酒店委托代办的事情，酒店应该尽量满足。（　）
2. 酒店有宴会、舞会、文艺演出及大型会议等较大规模活动时，一般由礼宾部安排

人员承担客人衣物的寄存服务。 ( )

3. 在行李服务中，由于不同客人有不同的特点，因而行李服务的规程也不相同。 ( )

4. 同时接送两个以上团队行李时，可以由一个行李员统一运送。 ( )

5. 行李存取服务中，一定要客人本人来取，若不是客人本人来领取，则不予放行。 ( )

三、问答题

1. “金钥匙”服务的素质要求都包括哪些？

2. 针对散客和团队客人分别应如何进行行李服务？

任务五　总机服务

【任务情境】

中秋节将至，拉拉接到一位客人的电话，询问中秋节当日自助餐预订事宜。拉拉热情简要地向宾客介绍了中秋节活动，并且根据酒店工作的岗位分工，将该电话转接至了酒店餐饮部的餐务委托。宾客听后非常满意。第二天，他们果然来酒店预订了自助餐。

【任务工单】

任务名称	总机服务		
班级		所属小组	第＿＿＿＿小组
工作任务	宾客成功预订了自助餐，拉拉受到了前厅经理的表扬。前厅经理让拉拉通过参与总机服务，掌握总机服务的工作要点，并为其设置总机服务工作情景模拟考核		
任务目的	掌握总机服务的基本要求；掌握总机服务项目与工作程序标准		
任务实施要求	（1）掌握总机服务项目与工作程序标准； （2）小组成员共同完成任务； （3）各个小组积极讨论总机服务的工作内容，并进行小组模拟总机服务		
任务实施步骤	（1）小组成员分工； （2）查阅资料，掌握总机服务工作的有关内容； （3）小组排练，模拟总机服务工作情境； （4）制作汇报 PPT； （5）课堂汇报，小组互评； （6）教师点评、总结		
任务成果形式	总机服务工作情景模拟考核		

《知 识 准 备》

提高酒店的服务质量、提升自身的竞争力，是酒店取得相对优势的最为直接的途径。从根本上说服务质量是酒店生存与发展的基础，酒店之间的竞争，本质上是服务质量的竞争。因此，不断提高酒店服务质量，以质量求效益是酒店发展的必经之路，也是酒店管理者共同努力的目标和日常管理的核心。随着酒店业的日趋激烈的竞争，宾客对酒店服务质量的要求越来越高，细节服务的要求也越来越值得关注，除了看得见的服务，听得到的服务应该更加引起重视，声音与语言传播的力量同样能为客人带来宾至如归的体验，让客人流连忘返。酒店总机连通宾客与酒店的同时也维持着酒店内部运作的系统，传递着与酒店相关的多种信息，在大量信息系统交汇融合中帮助酒店各部门的协调与工作，是酒店更加稳定有序工作的重要二线部门。因此，保证酒店总机有一个良好的运行环境及专业的工作程序是一个星级酒店管理者必需的资源储备。

一、总机服务的基本要求

电话是服务部门最常用的通信工具之一，在对客服务过程中扮演着十分重要的角色。因此，专门负责为客人提供电话服务的总机房就具有非常重要的作用。总机人员的主要工作就是接听电话，处理包括内线、外线的各项事务，传递每一个工作环节需要的信息。酒店工作较忙，同时进来五六个电话是经常有的事，所以对工作人员的处理能力要求很高。作为服务人员每天面对的是来自五湖四海的客人及个性、心境、期望各不相同的团体，所以，总机人员既要有个性化的表达沟通，又必须掌握许多有共性的表达方式与技巧来为客人服务。同时，作为话务员最重要的是通过有声语言与客人沟通交流，同时配合其他一线部门共同完成对客服务。

（一）总机工作人员的素质及形象

在总机工作中的女性居多，声音更具有亲和力，接听电话的时候声音甜美（图 2.29）。酒店在培训总机员工的时候要让她们的亲切感超越移动的客服电话，铃响三声内必须接听电话，同时要将柔和的笑容和积极乐观的态度从电话中传播过去。酒店总机因为需要第一时间回答客人的提问，所以必须熟悉酒店内外及当地的公共设施，很多酒店聘用稍年长的女性来接听电话，因为她们从容淡定、阅历丰富，有很好的语音控制技巧。因此，不要求接线员的形象有多好，她（他）可以相貌平平，但必须仪容整洁，将自身的自信和酒店的形象通过电话传递出去。她（他）通过工作所体现出来的不仅是素质，而且是良好的修养。

图 2.29 总机工作人员

（二）总机服务工作所需要的准备

（1）熟练使用办公软件。因为总机经常是在电话与电脑之间切换，必备的软件使用是不可缺少的。

（2）熟悉所在地的各种公共设施及电话，交通线路，重要枢纽点到酒店的乘车路线及费用、往来时间，公共游乐设施的距离及费用，如果客人要求话务员帮忙设计一下出游路线或者去往医院等，需要第一时间对其做出答复。

（3）熟悉甚至能够背诵酒店具体概况，包括酒店地址、对外电话、传真，近一个月内所有活动的具体方案及价目表，所有房型房态及其近期门市价、前台价、网络价，熟悉每个餐厅及活动场所的方位，熟悉会议室大小及其不同的摆桌容量，这些都是客人来酒店经常会问到的东西，如果不熟悉会影响下一个电话的接听时间。

（4）熟悉酒店二级以上所有领导的电话，以便在接听时称呼其职位。

（5）背诵酒店各部门各房间的电话号码，包括洗衣房等，以便同事或客人需要转接电话时在 5 秒内完成接通。每次总机在培训新员工入职的时候大量的背诵都是极大的挑战。

二、总机服务项目与工作程序标准

（一）转接电话

繁忙时，话务员转接电话的顺序通常是先接外线，后内线，最后接酒店内部电话。转接后无人接听或电话占线时，应向宾客表示歉意并说明原因。提供转接电话服务的主要步骤有如下几个方面。

1. 及时应答

接听电话，铃响三声之内，话务员拿起话筒，按“应答”键。问候来电者，若是外线，“××酒店。您好！能为您做些什么吗？”若是内线电话，“您好！总机。请问有什么可以帮助您？”

2. 认真聆听

听清电话内容，分清是打给酒店宾客的，还是打给酒店有关部门的电话。如有必要，重复要求，以避免误解。

3. 准确转接

对于要求转入客房的电话，话务员应在电脑中核对所需转接宾客的姓名、房号。如果来电者知道宾客的姓名和房号的，话务员可请对方稍候，然后直接转入客房。若两者不一致，应礼貌地提示宾客进行确认。

如果是打给 VIP 的，应首先查看宾客是否有呼入限制。如果宾客有指明接听的电话，话务员要询问来电者的相关信息，核实符合后则予以转入；对于不符合的，话务员要迅速隔离主叫，告知宾客来电者姓名，征询是否接听。若宾客同意接听，马上接通；若宾客不同意接听，则婉言拒绝来电者。

4. 礼貌沟通

转接电话时要向宾客作说明，如“请您稍等，谢谢来电”“祝您愉快”等。如果所转电话无人接听，应向宾客说“对不起，电话没人接”对不起，电话没人接，是否需要留言？

5. 轻轻挂断

转接后，话务员应在宾客先挂断电话后才能切断线路，以示尊重（图 2. 30）。

图 2. 30 轻轻挂断电话

（二）留言服务

当电话无法接通受话人时，话务员应主动询问通话人是否需要留言。酒店总机提供的留言服务通常包括书面留言转达和语音留言两种方式。具体操作如下。

（1）接听电话。

（2）核对信息。通常，由于住店宾客外出不在酒店，来电者在无法联系到宾客的情况下要求留言，或有来电者给预订单尚未到店的宾客留言。总机接到要求留言电话，应在电脑中迅速查找或确认查询宾客的姓名、房号是否与要求留言者所提供的相符合，核对宾客是已经入店还是预抵。除非宾客已结账离店，否则均应提供留言服务。

（3）记录留言。

（4）留言办理。有些酒店的话务系统中设有自动语音留言功能，它可以录音并存储来电宾客的讲话，当住店宾客回到客房，可看到其客房内的电话机上的留言灯闪烁，即可提起听筒收听留言录音。

有些酒店总机则采用书面留言，即留言单方式提供留言服务。

若住店宾客已要求“免电话打扰”服务，当有外线电话呼入时，话务员也采取代客留言的服务方式。

（三）房间免打扰与保密服务

某些宾客在住店期间，由于种种原因，在某些时段不愿接听电话，宾客会向酒店提出“免电话打扰”服务，或者宾客会要求房号保密。遇到这种服务需求，话务员应按如下程序办理：

（1）了解服务要求。电话铃响三声之内礼貌接听电话，问候来电者，并表明身份。了解宾客“免打扰”，记录宾客姓名、房号、具体“免电话打扰”时间。

（2）记录要求。重复宾客要求，在“免电话打扰本”上记录宾客的房号，将信息输入电脑，并在总机记事白板上写上要求“免电话打扰”的房号、时限及程度。将电话号码通过话务台锁上。及时通知其他当班人员、总台、客房服务中心、大堂副理。

（3）提供服务。

（4）结束服务。待宾客离店或宾客要求取消时，话务员应及时通过话务台释放被锁电话号码，在白板上擦掉相关记录，在“免电话打扰本”的备注栏上打钩取消该房的记录。

另外，有些宾客出于种种原因，不希望酒店透露自己的住店信息，常常会在办理入住登计时告知总台接待员，要求房号保密及保密等级程度。总台接待员要将此信息输入电脑，联网的总机电脑亦会显示此信息。总机话务员可根据信息提示为住店宾客做好房号、姓名等的保密工作。

（四）投诉电话处理

宾客难免会有对服务质量的抱怨。宾客心有怨气，急于发泄，又不知酒店负责处理投诉的具体人员，常常会打电话到总机进行投诉。总机话务员要本着对宾客、对酒店负责的态度，热情、主动、有效、仔细地处理投诉电话。

（1）问候宾客。

（2）仔细聆听。

（3）处理或转接电话。为提高投诉处理效率，话务员对有些投诉可以着手解决，如宾客投诉客房送餐太慢，话务员可以直接催促餐饮部予以解决。对于比较棘手的问题，可请宾客稍等，并将电话转接大堂副理或值班经理处，并告知大堂副理或值班经理投诉事宜。

（4）记录投诉。

【任务实施】

学生分组讨论总机服务相关知识，并进行总机服务情景模拟。

【任务评价】

序号	考核内容	考核要点	应得分	自评分	互评分	教师评分
1	总机服务的基本要求	掌握总机工作人员的素质及形象；了解总机服务工作所需要的准备	20			
2	总机服务项目与工作程序标准	掌握总机服务项目与工作程序标准	30			
3	总机服务情景模拟	服务流程规范、熟练、得体	50			
总分			100			
小组自评						
小组互评						
教师评价						
小组成员个人得分	姓名					
	得分					
说明	小组任务得分=小组自评×20%+小组互评×40%+教师评价×40%。 小组成员个人得分由小组长和教师根据个人任务完成中的工作情况分配分数					

案例阅读

凌晨一点多钟，某酒店前厅部叶经理的床头突然响起了急促的电话声。睡意蒙眬的叶经理，很不情愿地拿起了电话，话筒里传来酒店另一位经理急促的话语：“叶经理吗？你的总机有二十分钟无人接听电话，刚才张局长打电话发现的，他在外地没法通知你，只好打我的手机，你赶快过来处理一下吧！”叶经理一下子被这突如其来的消息惊得睡意全无。当他心急火燎地赶到总机房时，接线生陈小丽仍在值班室内呼呼大睡。叶经理气不打一处来，立即打电话安排了另一位休假的员工上班，现场撤下了陈小丽。

经过了解，原来陈小丽昨天下了晚班后，跟朋友去玩了一个白天。晚上终于撑不住，在上班时睡着了。陈小丽一边诉说着，一边揉着通红的双眼。

案例反思：

电话总机是酒店内外信息沟通联络的通信枢纽，每天须处理很多电话业务，且绝大多数客人对酒店的第一印象，是在与接线员的第一次接触中形成的。这次事件且不说离接听电话规范中“铃响三声必须有人接听”的服务要求相去甚远，也不谈当值睡觉是酒店服务之大忌，仅二十分钟无人接听电话，在酒店投诉个案中就属罕见。

高度的责任感是优质服务的有力保证，员工陈小丽玩忽职守，严重违反酒店规章制度，受到惩罚是应该的，但彻底清除总机服务质量中不稳定的因素，提高总机服务水准才是目的。夜班员工服务效率不高，又往往疏于管理，加之正值常规酣梦之时，思想压力减轻，自我约束能力减弱。然而，我们都知道，尽职尽责、坚守岗位，是每一位员工必须遵守的劳动纪律，也是酒店从业人员，必须充分具备的职业道德。作为一名普通劳动者，工作期间必须有较强的工作热忱和高度的责任感，以及高度的组织纪律性，才能提供高质、高效的劳动成果。作为服务员，则更需要保证强烈的服务意识和良好的服务质量。夜班员工除做好当值一些日常工作外，还必须警惕意外事件的发生，确保客人、员工的生命和财产安全。

【前厅英语】

Operator 电话员

House Phone 内部电话

Receiver 听筒

Telephone Number 电话号码

Good morning，This is×× Hotel！What can I do for you？早上好，这里是××酒店。请问我能为您做些什么吗？

Just a moment，please. I'll transfer your call。请您稍等，我为您转接。

课后作业

一、填空题

1. 酒店之间的竞争，本质上是__________的竞争。

2. 专门负责为客人提供电话服务的部门是__________。

3. 总机人员的主要工作就是接听电话，处理包括__________、__________的各项事务。

4. 总机工作以__________居多，声音更具有亲和力，接听电话的时候声音甜美。

5. 话务员转接电话的顺序通常是先接__________，后__________，最后接酒店内部电话。

二、判断题

1. 总机人员的主要工作就是接听电话，其他的技能可以不必掌握。（　　）

2. 接到需要转接的电话，应该第一时间为客人转接。（　　）

3. 酒店总机提供的留言服务通常包括书面留言转达和语音留言两种方式。（　　）

4. 所有客人投诉都需要将电话转接大堂副理或值班经理处，告知大堂副理或值班经理投诉事宜。（　　）

5. 本着对宾客、对酒店负责的态度，我们要热情、主动、有效、仔细地处理投诉电话。所以在面对客人投诉时，一定要保持微笑。（　　）

三、问答题

1. 一天，某酒店总机接到一家当地媒体的电话，要求转接到王先生所住的房间。总机话务员立即进行查询，得知王先生曾要求保密服务。话务员该如何向来电者解释？

2. 北京某旅游团的导游到总台要求明天早上6：30的叫醒服务，总台服务人员将信息告知总机话务员。总机话务员应如何处理？

任务六　总台服务

【任务情境】

常住客李先生很少在酒店用餐，总是步行到酒店对面的一家酒店用餐。拉拉得知这个情况后，亲自去拜访李先生，问其原委。李先生说："酒店的服务员是'鹦鹉'，每次见到我只是会鹦鹉学舌地说'您好''欢迎光临''这边请'。而面对酒店的服务员是'百灵鸟'，我每次去总能听到'曲目不同的悦耳歌声'，有时是'李先生，欢迎您每天光临餐厅，我们感到非常荣幸'；有时是'李先生，今天我们给您留了以前的老位子'，这使我用餐时心情舒畅。"拉拉听后陷入沉思。

【任务工单】

任务名称	总台服务		
班级		所属小组	第＿＿＿＿小组
工作任务	总台接待服务是前厅部一项重要的对客服务工作。听了李先生的话，拉拉意识到总台真诚服务的重要性，为此，酒店前厅部决定组织大家进行一次总台服务工作情景模拟		
任务目的	了解总台接待人员的注意事项；能够顺利为客人提供总台服务		
任务实施要求	（1）明确总台服务的重要性； （2）小组成员共同完成任务； （3）各个小组积极讨论总台服务的工作内容，并进行小组模拟总台服务		
任务实施步骤	（1）小组成员分工； （2）查阅资料，掌握总台服务工作的有关内容； （3）小组排练，模拟总台服务工作情境； （4）制作汇报 PPT； （5）课堂汇报，小组互评； （6）教师点评、总结		
任务成果形式	总台服务工作情景模拟考核		

《知识准备》

总台，又称总服务台，是为客人提供住宿登记、结账、问询、外币兑换等综合服务的场所。

一、总台的设计

为方便客人起见，总台一般位于酒店一楼大厅（图 2.30），且总台各项业务通常应该集中在一起。根据大堂设计布局，总台最好正对大堂入口处，这样，可以使工作人员观察到整个前厅、出入口、电梯、商场等的活动情况，同时能清楚地观察到正门外宾客车辆的到达，从而做好接待准备工作，也有利于及时发现各种可疑的人或物，确保酒店的安全。

图 2.30 总台

总台的设计，一般要考虑两个因素。

（一）总台的外观

总台的形状根据大堂的建筑结构有所不同，有的为直线形，有的则设计为半圆形（图 2.31）或“L”形。总台的高度应以方便客人住宿登记和总台员工的接待服务工作为原则。

图 2.31 半圆形总台

（二）总台的大小

总台的大小是由总台服务项目和接待人数的多少以及科学技术，尤其是计算机的应用水平等决定的。酒店的规模越大，接待人数和服务项目越多，则总台的设计就应越大；反之，则越小。另外，从发展的趋势来看，随着科学技术的不断进步和计算机的使用，总台将日益小型化。

二、总台接待人员的注意事项

前厅部是对客服务的集中地，是给客人留下第一印象的地方，直接影响酒店的形象，前厅接待人员在工作中应注意以下事项。

（一）礼貌待客

要求员工在酒店里与客人迎面相遇时要微笑问好（图 2. 32），让客先行，必要时主动向客人提供帮助，对认识的客人要以姓氏或头衔称呼，对电话里的客人也同样对待。

图 2. 32　总台接待人员

（二）贯彻“首问制”

在客人眼里，每个员工都代表着酒店。因此，遇到客人寻求帮助时，如果不是自己职责范围的事，可以请客人稍候，帮助客人打电话联系相关的部门。

（三）规范行为举止

遵守员工手册的礼貌规范，并按礼仪标准培训员工的站立、手势、点头等动作。

（四）使用标准的服务用语

要求员工接电话时一律先问好并报部门，接待时规范使用服务用语，以简洁明了的表达方法与客人进行沟通。

（五）做好交接班

要建立特殊事情记录本，把本班无法完成的事情交代给下个班继续完成，确保对客服务的延续性。

三、提供问询服务

（一）回答客人的问询

问询服务（图 2.33）是酒店满足客人有关信息需求的一项重要的前厅服务。当客人在生活和工作中需要清楚知道或要得到某些信息时，常常会求助于前厅的问询处。问询服务实际上起着为客人排忧解难的作用。因此，问询工作的好坏，直接影响客人对酒店印象的整体评判。

图 2.33　问询服务

客人对信息的问询需求多且涉及面又非常广泛。我们把客人所需的这些信息分为两类：一类是酒店内部信息，另一类是酒店外部信息。

1. 酒店内部信息

为了准确回答客人对酒店服务的有关问询，问询员要准备好问询资料，掌握以下信息：酒店所有的服务设施和服务项目、营业时间，收费标准，如中西餐厅、酒吧、商场的位置和营业时间等；酒店当天的宴会、会议、展览会等举办场所和时间；酒店当天房态、VIP 抵达情况、团队抵达及住房情况；酒店的政策、组织体系、各部门的职责范围等。

2. 酒店外部信息

为了能准确回答客人对酒店外部信息的问询，问询员要准备好问询资料，掌握以下信息。

（1）市内交通状况、出租汽车收费标准。

（2）最新铁路时刻表和价目表。

（3）国际、国内航班最新时刻表和价目表。

（4）酒店所在地的影剧院、歌舞厅的地址和上演的剧目及时间。

（5）酒店所在地展览馆和博物馆的地址、电话号码、开放时间。

（6）酒店所在地的著名餐厅、大型超市商场、购物中心的地址及营业时间。

（7）酒店所在地名胜景点的开放时间及乘车路线。

（8）酒店所在地的银行、医院、大使馆、领事馆、教堂、庙宇、政府各部门等的地址和电话号码。

（9）酒店所在地到周边主要城市的距离及抵达方式。

（10）酒店所在地其他主要酒店的名称、星级、地址和电话号码。

（11）酒店所在地的公园、动物园，游乐园的地址、开放时间和门票价格。

（12）全国各省市的电话号码簿和邮政编码簿。

（13）酒店所在地旅游机构的地址和电话号码。

（14）世界各主要城市所在的时区及时差计算方式等。

3. 疑难信息问询的处理

问询员需要掌握的信息范围非常广泛，因为客人对信息的问询涉及面也很广。客人所问的问题，有些很简单，容易回答，而有些则较难、较专业、较复杂。这种情况下就要求问询员通过查阅资料、图片等方法，找到答案后再答复客人，并且事先告知客人需等候的时间。这样就能保证给客人的答复内容是完整的、准确的、最新的信息。因此，要求问询员对问询资料不断更新和补充。

（二）问询服务规范

1. 问询处的主要工作

问询处提供问询服务、留言服务、查询服务、旅游交通信息、收发代寄邮件服务、转交物品和客人的委托代办服务。

2. 问询员的职业要求

（1）回答客人问题时，要热情、主动、礼貌、耐心、百问不厌。

（2）对应知应会的问题，要给以肯定的、准确的答复。

（3）对所有的问询者都要彬彬有礼、一视同仁。

（4）严守酒店的营业机密和客人的隐私。

（5）回答客人问题时不能简单回答，不能用“也许”“大概”“估计”“可能”等模棱两可的词语，也应慎用否定词。

（6）对不能当场回答或超出业务范围的问题，要向客人表示歉意，告知客人查阅资料后尽快答复，并告知客人需等候的时间。

（7）在任何情况下，都不能和客人争吵。

（8）所有的介绍都要准确、实事求是。

为了给客人提供满意的问询服务，问询员还应有较高的素质、较宽的知识面、较好的语言表达能力，并懂得交际礼节及各国风俗习惯等。

3. 问询服务的新途径

随着科学技术的迅猛发展，高新产品层出不穷，电子信息技术被应用于酒店的服务和管理中（图 2.34）。例如，客人通过置放在酒店大厅的电子触摸屏或电视屏幕就可以了解酒店内外的各种相关信息，包括酒店的服务项目、旅游知识、旅游景点、气象信息、风俗人情、购物指南、外汇牌价以及飞机、火车、轮船的时刻表等。这些新途径既方便了客人，又提高了酒店的档次。

图 2.34　前厅服务机器人

四、提供留言服务

留言服务（图 2.35）是问询处的一项重要工作。问询处的留言服务可以是由人工提供，也可以是电脑提示，但无论是采用哪种方式处理，都要及时、准确地将留言信息传递给客人，因为留言具有一定的时效性，否则就会导致客人不满，甚至发生投诉事件。

图 2.35　留言服务

问询处的留言服务可以分为访客（或来电）给住客留言、访客（或来电）给预抵店的客人留言、住客给访客留言。

（一）访客（或来电）给住客留言

访客（或来电）给住客留言，即店外来访者探访或来电时，住客不在房间，问询员应询问来访者或来电者是否需要给客人留言，如果需要，则将来访者的留言内容记录在留言单上，并向住客复述内容，请住客签名确认。

留言单一般为一式三联，一份问询处留存，一份交行李员送入客人房间（客人不在时，交楼层值班台），还有一份交总机，由话务员将客人房间电话机上的留言指示灯打开。当客人一进房间看到亮红灯的留言指示，就可以电话询问留言内容。

有的酒店配置了语音留言系统，当客人需要留言时，可以通过语音信箱处理系统的语音提示完成留言。听到“嘟”的语音提示后就可留言，留言结束后按“#”号键确认。

收听留言时客人可以通过自己的语音菜单进入自己的语音账号，根据语音提示收听留言。所有的留言都显示了留言时间，不会丢失或延误，操作方便，安全可靠。

（二）访客（或来电）给预抵店的客人留言

问询员遇到访客（或来电）给预抵店的客人留言时，同样要热情地服务，填写好留言单，待住客抵店后，向住客复述确认。然后将一份留言单和客人的预抵店单放在一起。

（三）住客给访客留言

住客要外出，想告知来访者他身在何处，可填写“何处找我单”。这类留言一定要快速传递，因为是留给特定的访客，所以具有较强的时效性。

为了确保信息的准确性，问询员在接受留言特别是接受电话留言时，要做好记录，时间、地点、电话号码、房号等重点内容不能写错，一定要向留言者复述留言内容并得到留言者的确认。

【任务实施】

学生分组讨论总台服务相关知识，并进行总台服务情景模拟。

【任务评价】

<table>
<tr><th>序号</th><th colspan="2">考核内容</th><th colspan="2">考核要点</th><th>应得分</th><th>自评分</th><th>互评分</th><th>教师评分</th></tr>
<tr><td>1</td><td colspan="2">总台接待人员的注意事项</td><td colspan="2">熟悉总台接待服务的注意事项</td><td>30</td><td></td><td></td><td></td></tr>
<tr><td>2</td><td colspan="2">提供问询服务</td><td colspan="2">能够流畅回答客人提出的问题</td><td>20</td><td></td><td></td><td></td></tr>
<tr><td>3</td><td colspan="2">提供留言服务</td><td colspan="2">能够及时向客人传递留言</td><td>20</td><td></td><td></td><td></td></tr>
<tr><td>4</td><td colspan="2">总台服务情景模拟</td><td colspan="2">服务热情周到，规范流畅</td><td>30</td><td></td><td></td><td></td></tr>
<tr><td colspan="5">总分</td><td>100</td><td></td><td></td><td></td></tr>
<tr><td colspan="2">小组自评</td><td colspan="7"></td></tr>
<tr><td colspan="2">小组互评</td><td colspan="7"></td></tr>
<tr><td colspan="2">教师评价</td><td colspan="7"></td></tr>
<tr><td rowspan="2">小组成员个人得分</td><td>姓名</td><td></td><td></td><td colspan="2"></td><td colspan="3"></td></tr>
<tr><td>得分</td><td></td><td></td><td colspan="2"></td><td colspan="3"></td></tr>
<tr><td colspan="2">说明</td><td colspan="7">小组任务得分＝小组自评＊20%+小组互评＊40%+教师评价＊40%。
小组成员个人得分由小组长和教师根据个人任务完成中的工作情况分配分数</td></tr>
</table>

案例阅读

一天下午，一位中国香港的客人来到上海一家酒店总台问询处，怒气冲冲地责问接待员："你们为什么拒绝转交我朋友给我的东西?"当班的接待员连忙查阅值班记录，却没有找到上一班留有有关此事的记载，便对客人说："对不起，先生，请您先把这件事的经过告诉我好吗?"客人便讲述了此事的原委。原来他几天前住过这家酒店，前两天去苏州办事，离店前预订了今天的房间，并告诉总台服务员，在他离店期间可能有朋友会将他的东西送来，希望酒店代为保管，服务员满口答应了。但这位服务员却未在值班簿上做记录。第二天当客人的朋友送来东西时，另一位当班服务员见没有上一班的留言交代，又见客人朋友送来的是衬衫，便拒绝接收，要求他自己亲手去交。当客人知道此事后，十分恼火，认为酒店言而无信，是存心跟他过不去，于是便有了一开始责问接待员的场面。

接待员听了香港客人的陈述，对这件事的是非曲直很快就有了一个基本判断，马上对客人说："很抱歉，先生，此事的责任在我们酒店。当时，值台服务员已经答应了您的要求，但他没有把此事在值班簿上记录留言，造成了与下一班工作的脱节。另外，下一班服务员虽然未得到上一班服务员的交代，但也应该根据实际情况，收下您朋友带来的东西，这是我们工作中的第二次过失。实在对不起，请原谅。”说到这里，接待员又把话题一转，问道：“先生，您能否告诉我，您朋友送来让寄存的东西是何物?”“唔，是衬衫。”小黄听了马上以此为题缓解矛盾：“先生，话又得说回来，那位服务员不肯收下您朋友的衬衫也不是没有一点道理的，因为衬衫一类物品容易被挤压而受损伤，为了对客人负责，我们一般是不转交的，而要求亲手交送，当然您的事既然已经答应了，就应该收下来，小心保存，再转交给您。不知眼下是否还需要我们转交，我们一定满足您的要求。”“不必啦，我已经收到朋友送来的衬衫了。”客人见小黄说得也有点道理，况且态度这么好，心情舒畅多了，随之也就打消了向酒店领导投诉的念头。

案例反思：

这件事，当班接待员处理得很好，值得肯定，但由此暴露的酒店前台工作脱节造成不良后果的教训更值得牢记。酒店总台工作要避免此类事件的发生，员工应树立整体意识，各个岗位之间、上一班与下一班之间要做好协调工作（包括认真做好值班记录），相互衔接，环环相扣，从而保证整个酒店工作的正常运转。

【前厅英语】

General Service Counter 总服务台

Western-style Restaurant 西餐厅

Lobby Bar 大堂吧

Would you like to leave a message? 请问您需要留言吗?

The lobby bar serves all kinds of pastries, snacks and cocktails. 大堂吧提供各式糕点、小吃和鸡尾酒。

Our hotel has a swimming pool, Finnish sauna, billiards room, etc. 我们酒店有游泳池、芬兰浴、台球等等。

课后作业

一、填空题

1. ________，又称“________”，是为客人提供住宿登记、结账、问询、外币兑换等综合服务的场所。

2. 客人对信息的问询需求多且涉及面又非常广泛。分为两类：一类是________，另一类是________。

3. 问询处提供________、________、________、旅游交通信息、收发代寄邮件服务、转交物品和客人的委托代办服务。

4. 一定要严守酒店的营业机密和________。

5. 为了确保信息的________，问询员在接受留言特别是接受电话留言时，要做好记录，重点内容不能写错，一定要向留言者复述留言内容并得到留言者的确认。

二、判断题

1. 问询服务是酒店满足客人有关信息需求的一项重要的前厅服务。当客人在生活和工作中需要清楚知道或要得到某些信息的时候，常常会求助于前厅的礼宾处。（ ）

2. 酒店内部信息包括酒店所有的服务设施和服务项目、营业时间、收费标准，市内交通状况、出租汽车收费标准、最新铁路时刻表和价目表。（ ）

3. 为了保证给客人的答复内容是完整的、准确的、最新的信息。因此，要求问询员对问询资料不断更新和补充。（ ）

4. 对不能当场回答或超出业务范围的问题，要向客人表示歉意，回答“不知道”。（ ）

5. 为了给客人提供满意的问询服务，问询员还应有较高的素质、较宽的知识面、较好的语言表达能力，并懂得交际礼节及各国风俗习惯等。（ ）

三、问答题

1. 总台接待人员的注意事项有哪些？

2. 留言服务的种类有哪些？

任务七　收银服务

【任务情境】

王先生是酒店的常客，其之前押金都能及时缴纳，就算当时未能交付，之后也能补上。但自从 2021 年初长包一个房间后，他渐渐开始不及时交付押金，往往要前台催过好几遍才肯来交，而且每次都比应补足金额少交了一部分，并且每次都说他是长住客，不用怕他逃账。一两个月后，该房间已欠了好几千元。拉拉将情况报告给前厅经理，前厅经理要求他们加大催款力度，但王先生常常是半夜才抵达，而且经常不是其本人入住，打其电话，他又说要找领导重谈折扣，要不就说自己在外地有事，再不就是在电话里破口大骂酒店员工不信任他。如此一两个月过去，其欠款已达上万元。面对这样的客人，拉拉一时不知道该怎么办？

【任务工单】

任务名称	收银服务		
班级		所属小组	第＿＿＿＿小组
工作任务	通过王先生的事情，拉拉意识到了收银服务的重要性。为了避免此类事件的发生，酒店决定为员工开展收银服务系列培训，以提升员工在此方面的意识和能力		
任务目的	意识到收银服务的重要性；掌握前台收银处的工作操作规程		
任务实施要求	（1）明确收银服务的重要性； （2）小组成员共同完成任务； （3）各个小组积极讨论收银服务的工作内容，并进行小组模拟收银服务		
任务实施步骤	（1）小组成员分工； （2）查阅资料，掌握收银服务工作的有关内容； （3）小组排练，模拟收银服务工作情境； （4）制作汇报 PPT； （5）课堂汇报，小组互评； （6）教师点评、总结		
任务成果形式	收银服务工作情景模拟考核		

《知　识　准　备》

一、前台收银业务的范围及特点

前台收银处的主要工作任务就是处理住客账务，确保酒店应有经济效益的正确回收，并做好对客服务工作（图 2.36）。

图 2.36 收银服务

（一）前台收银业务的范围

（1）开立住客账户。
（2）负责业务分析并累计客账。
（3）办理客人的离店结账手续。
（4）处理住客信贷和夜间审计。
（5）提供外币兑换服务。
（6）管理客用安全保险柜。

（二）前台收银业务的特点

前台收银业务是一项十分细致复杂的工作。为了方便客人，现代酒店一般采用一次性结账方式。所谓一次性结账就是宾客在酒店花费的全部费用在离店时一次结清。

在酒店里每天的赊欠账单很多，这些账单最终从客房、餐厅、洗衣房、电话总机、商务中心等处转到前台收银处，而住店客人会随时离店结账，为了能迅速准确地给离店客人结账，避免跑账、漏账的发生，酒店对客服务的各个部门必须密切配合，将客人的各种消费账单及时传递到前台收银处，迅速入账。因此，前台收银工作具有较强的协助性和时间性。

二、前台收银处的工作操作规程

（一）建立客人账户

在客人办理完入住登记手续后，接待员要根据住宿登记表和预订单内容制作相应的账单，并连同登记表（账务联）立即送交结账处。总台结账处接到客人账单后应马上核收并建账。

1. 散客的账户建立

（1）签收客人账单。

（2）检查账单各项内容是否填写齐全、正确，如有异议，应立即核实。

（3）核准付款方式。

（4）对照信用卡公司或银行机构所发“黑名单”（注销名单）予以核实。

（5）检查有关附件，如住宿登记表、房租折扣审批单、预付款收据等是否齐全。

（6）将客人账单连同相关附件放入标有相应房号的分账户夹内，存入账单架中。

2. 团队的账户建立

（1）签收团队总账单。

（2）检查总账单中团队名称、团号、人数、用房总数、房价、付款方式、付款范围等项目是否填写齐全、正确。

（3）查看是否有换房、加房或减房、加床等变更通知单。

（4）建立团队客人自付款项的分账单，注意避免重复记账或漏记账单。

（5）将团队总账单按编号顺序放入相应的团队账夹内，存入住店团队账单架中。

（二）记录客人消费的情况

1. 散客或团队客人在酒店入住期间所发生的费用，要分门别类地将该客人各项费用按房号设立的分户账准确记录。

2. 客人支付的定金、预付款、转记其他客人分户账及应收账款，应分门别类地准确记入该客人的分户账。

3. 核收店内营业点传递来的各种账单（凭证），并逐项核准。

4. 将核准的账单（凭证）内容分别记入分户账或总账单内。注意把结账时要交给客人的单据与分户账单收存在账夹内，其他单据按部门划分存收，交给复核组复核。

（三）客人账目的结算

1. 客人离店前的准备工作

（1）向预期次日离店的客人房间发放离店结账通知书，由收款员通过电话联系等方式予以通知。

（2）总台夜班接待员按时打印次日预期离店客人名单（未使用电脑的酒店可根据客房状况卡条记录进行统计）。

（3）收款员检查预期离店客人账夹内的账单。

（4）问询员检查有无客人信件、留言条。

（5）礼宾部提前安排离店客人用车及行李运送等准备工作。

2. 客人离店结账

（1）散客结账。

· 核准房号、姓名、抵店及离店日期等。

· 核准无误后打印账单，将总账单和所有附件交客人过目，回答客人询问。

· 询问客人是否有最新消费，通知检查客房使用的状况、电话消费情况等，确保所有消费账目都已入账，避免跑账、漏账。

· 根据不同付款方式结清账款数额，唱收、唱付及找零，并在账单或收据上加盖“已收讫”印章、打印结账离店日期和时间。

· 打出“离店单”，提醒客人离店时交回客房钥匙。

· 告诉相关部门客人离店的信息，以更正核准客房房态信息。

（2）团队结账。

· 根据预期离店团队名称、房号等，通知客房服务中心、总机及礼宾部。

· 核准团队的付账范围。

· 打印团队总账单，请团队陪同确认并签名。

· 为该团队客人分户自付账打印账单及收款。

· 将团队账单转送会计信用组织进行收款工作。

3. 客人离店后的工作

（1）在离店客人登记表上打印结账时间，并将客人交回的客房钥匙一并交给接待处。

（2）根据已结清账款的账单编制相关表格（如收入明细表、营业日报表）等交主管复核；待复核无误后装入缴款袋，按规定项目填写签名，放入保险柜，次日由总收款员取出。

（3）收入日报、收入明细表（第二联）、账单（第二联）交夜间审核人员。

4. 夜间审核工作

夜间审核，即夜间工作人员把上个夜班收到的账单及房租登录在客账上，并做好汇总和核查工作。夜间审核的目的是要有效控制由宾客赊账业务而产生的收入或现金业务收入，主要是完成经济业务的过账，结出宾客分账户的余额并审核其正确性。

（四）外币兑换业务

酒店为方便中外宾客，受中国银行委托，根据国家外汇管理局公布的外汇牌价，代理外币兑换及旅行支票和信用卡业务。

1. 现钞兑换

现钞兑换（图 2.37）按以下服务程序进行。

（1）礼貌问候客人，问清客人的兑换要求。

（2）根据当日国家外汇管理局公布的现钞牌价，当面清点并唱收需兑换的外币种类和金额。

（3）使用货币识别机等多种方式鉴别钞票的真伪，同时核准该币种是否属于现行可兑换货币。

（4）填写两联水单。

（5）请客人在水单上签名，写上房号或地址。

（6）将两联水单及外币现钞进行检查复核。

（7）经兑员根据第一联水单，查点人民币金额，以免出错。

（8）核准无误后，将水单和所兑换现款付给客人并礼貌道别。

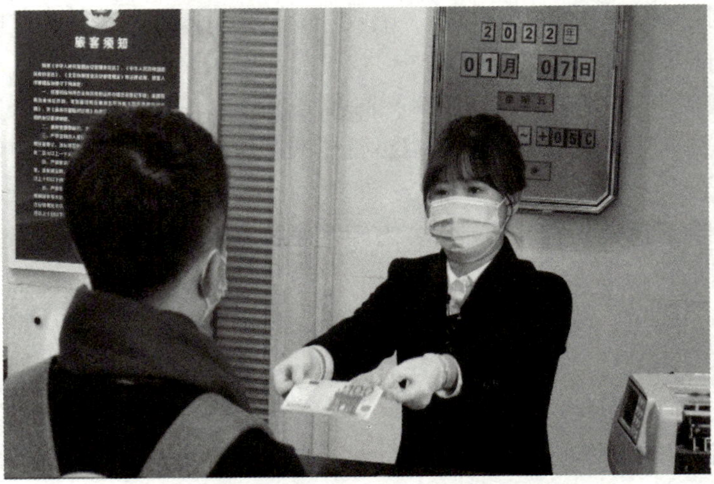

图 2.37 现钞兑换

2. 旅行支票兑换

收兑外币旅行支票服务程序有如下几个方面。

（1）礼貌问候客人，弄清兑换要求，并耐心解答。

（2）查验其支票是否属可兑换或使用之列，有无区域、时间限制，进行币种、金额、支付范围以及伪真、挂失情况的识别。

（3）要求持票人在支票的指定复签位置上当面复签，然后核对支票的初签与复签是否相符（如果有疑问，则要求持票人背书）。

（4）持票人必须出示证件，核对证件相片与客人是否相符，支票签名与证件签名是否一致，然后在兑换水单上摘抄其支票号码、持票人的号码、国籍等。

（5）填制一式两联的兑换水单，按当日外汇牌价准确换算并填制水单，向客人说明要扣除贴息，计算出贴息和实付金额。

（6）将水单交给客人，请客人在指定的位置上写上名字、房号等，撕尾签给客人，并将水单及支票交复核员。

（7）经兑员收到出纳员配好的现金，应认真复核水单上的金额，然后唱付给客人应兑的金额。

（8）礼貌道别。

3. 信用卡兑换

信用卡的兑现程序有如下几个方面。

（1）礼貌地问候客人，询问清楚客人的要求，核验客人所持信用卡是否属于在本酒店可以使用的信用卡，有无残缺、破损及有效期限，然后使用刷卡机影印信用卡。

（2）如果此卡要取授权号，则将信用卡的号码、有效日期、支取金额及客人的证件号码、国籍等告知我国有关银行的授权中心，取得授权后再承办。

（3）将取现单及水单交客人签名，核对无误后再交出纳配款。

（4）将出纳交来的现款与水单上的金额进行认真的复核。

（5）把现金、第一联水单、取现单及信用卡交回给客人，并有礼貌地向客人道别。

（五）保险箱服务

1. 客用保险箱的管理形式

酒店通常为住店客人免费提供两种形式的贵重物品保管服务：一种是设在客房内的小型保险箱（图 2.38）；另一种则是设在前台的客用保险箱，由收款员负责此项服务。

图 2.38　客房内的小型保险箱

2. 保险箱服务操作程序

（1）保险箱启用。主动问候，问清客人要求；请客人出示房卡，查看并确认是否属于住店客人；取出客用贵重物品寄存单，并逐项填写相关内容，请客人签名确认；根据客人需求选择相应规格的保险箱，介绍使用须知和注意事项，并将箱号记录在寄存单上；打开保险箱门，取出存物盒并回避一旁，示意客人可以存放物品；在客人亲自将物品放入盒内、盖上盒盖后，收款员将存物盒、已填好的寄存单第一联放入保险箱，当面向客人确认已锁好箱门后取下钥匙，将寄存单第二联和该箱钥匙交给客人保存。

（2）中途开箱。客人要求开启保险箱，经核准后，当着客人的面同时使用总钥匙和该箱钥匙开箱；客人使用完毕，请客人在寄存单相关栏内签名，记录开启日期及时间；收款员核对、确认并签名。

（3）客人取消保险箱。收款员请客人交回钥匙，取出寄存单；请客人在寄存单相关栏内签名，记录退箱的日期和时间；收款员在总台客用保险箱使用登记本上记录该箱的退箱日期、时间、经手人签名等内容；将贵重物品保险箱寄存单妥善收存备查。

（六）前台收银处的安全管理

1. 前台收银处的日常安全工作

（1）备用周转金不能超过银行规定的限额。

（2）对于开启保险柜的密码及钥匙要严格规定开启手续，防止现金和票据被盗。

（3）客人使用信用卡结账时，要检查其有效期、持卡人的签名等相关内容，如发现有疑点要立即报告，以免造成损失。

（4）客人结账离店时，注意收回客房钥匙，如果发现客人已结账离店，但是未交回钥匙要立即报告，及时更换客房钥匙。

（5）对无现金又拒付酒店费用的客人，要立即报告，以便及时进行处理。

（6）在平时的工作中，要养成细心、认真、常核对的好习惯，切忌粗心大意和慌乱，尤其是在大批客人同时结账离店时，一定要沉稳行事。

2. 对超限额消费的管理

（1）要按催收工作的原则和规程，对超限额消费的客人进行费用催收。

（2）催收工作由收银处负责，并向保安部等部门及时提供信息，协助做好催收工作。

（3）在催收工作中，可以根据实际情况采取以下措施：请保安部注意客人动态，请楼层服务人员注意掌握客情，万不得已可以扣押客人证件或其他有价值的物品，限期付款直至收到欠款为止。

3. 对逃账客人的管理

（1）前台收银处发现客人不愿交定金，一方面要礼貌地请客人缴纳预付款，并做好解释工作，另一方面要将情况报告给大堂副理和保安部。

（2）如发现一次签单额在 500 元以上（具体金额可以由酒店确定），应报告并查清情况，密切注意以后的消费，若有可疑之处立即报告。

（3）对于证实已经离开酒店的逃账客人，由前厅部将逃账客人的详细资料提供给保安部，如果需要立案侦查的，经总经理批准后，再由保安部开展侦查工作。

【任务实施】

学生互相讨论，模拟收银服务。

【任务评价】

<table>
<tr><th>序号</th><th>考核内容</th><th>考核要点</th><th>应得分</th><th>自评分</th><th>互评分</th><th>教师评分</th></tr>
<tr><td>1</td><td>前台收银业务的范围及特点</td><td>熟悉前台收银业务的范围及特点</td><td>20</td><td></td><td></td><td></td></tr>
<tr><td>2</td><td>前台收银处的工作操作规程</td><td>掌握前台收银处的工作操作规程</td><td>30</td><td></td><td></td><td></td></tr>
<tr><td>3</td><td>收银服务情景模拟</td><td>服务流程规范、熟练、得体</td><td>50</td><td></td><td></td><td></td></tr>
<tr><td colspan="3">总分</td><td>100</td><td></td><td></td><td></td></tr>
<tr><td colspan="2">小组自评</td><td colspan="5"></td></tr>
<tr><td colspan="2">小组互评</td><td colspan="5"></td></tr>
<tr><td colspan="2">教师评价</td><td colspan="5"></td></tr>
<tr><td rowspan="2">小组成员个人得分</td><td>姓名</td><td></td><td></td><td></td><td colspan="2"></td></tr>
<tr><td>得分</td><td></td><td></td><td></td><td colspan="2"></td></tr>
<tr><td colspan="2">说明</td><td colspan="5">小组任务得分=小组自评＊20%+小组互评＊40%+教师评价＊40%。
小组成员个人得分由小组长和教师根据个人任务完成中的工作情况分配分数</td></tr>
</table>

案例阅读

1206房的陈先生又到了消费签单限额了，陈先生是与酒店有业务合约的客人，来店后无须交预付款，只在他消费额达到酒店规定的限额时书面通知他。

但总台发了书面通知后，陈先生没来清账，甚至连电话也没来一个，因为是老客户，且以前一直是配合的。所以总台也只是例行公事地发了一封催款信，礼貌地提醒了一下，可是催款信放在陈先生的台上后，犹如石沉大海，还是没回音，消费额还在不断上升。

总台便直接打电话与他联系，陈先生当然也很客气："我这么多业务在你这里，还不放心吗？我还要在这里扎根住几年呢，明天一定来结。"可第二天仍依然如故，总台再次打电话，委婉说明酒店规章，然而这次陈先生却支支吾吾，闪烁其词。

这样一来，引起酒店的注意，经讨论后决定对他的业务单位进行侧面了解，了解的结果使酒店大吃一惊；陈先生在本市已结束了业务，机票也已订妥，不日即飞离本市。这一切与他"这么多业务在本市""还要在这里扎根住几年"显然不符。

酒店当即决定，内紧外松，客房部、保安部对他重点"照顾"，此外，与机场联系，打听到航班时间。

为了尽可能不弄僵关系，客房部以总经理名义送上果篮，感谢陈先生对本酒店的支持，此次一别，欢迎再来。

陈先生是聪明人，知道自己的情况已被人详知。第二天，自己到前台结清了所有的账目，总台对陈先生也礼貌有加，诚恳地询问客人对酒店的服务有什么意见和建议，并热情地希望他以后再来，给了陈先生足够的面子。

案例反思：

面对陈先生的百般推脱，酒店没有采取强硬措施，而是在做好预防工作后对其礼貌有加，维护了客人的颜面。这样做既保证了酒店的利益，又维护了与客人的良好关系。

【前厅英语】

Deposit 押金

Cash 现金

Credit Card 信用卡

Foreign Currency Exchange 外币兑换

Safe Deposit Box 保险箱

Password 密码

课后作业

一、填空题

1. 前台__________的主要工作任务就是处理住客账务，确保酒店应有经济效益的正确回收，并做好对客服务工作。

2. 前台收银业务的特点：采用__________结账方式，具有较强的__________和__________。

3. 酒店为方便中外宾客，受__________委托，根据__________公布的外汇牌价，代理外币兑换及旅行支票和信用卡业务。

4. 客人使用信用卡结账时，要检查其__________、__________等相关内容，如发现有疑点要立即报告，以免造成损失。

5. 要按催收工作的原则和规程，对__________的客人进行费用催收。

二、判断题

1. 在客人办理完入住登记手续后，接待员要根据住宿登记表和预订单内容制作相应的账单，并连同登记表（账务联）立即送交结账处。（　　）

2. 酒店通常为住店客人免费提供两种形式的贵重物品保管服务：一种是设在客房内的小型保险箱；另一种则是设在前台的客用保险箱，由收款员负责此项服务。（　　）

3. 在催收工作中，万不得已可以扣押客人证件或其他有价值的物品，限期付款直至收到欠款为止。（　　）

4. 对于证实已经离开酒店的逃账客人，可以限制其人身自由，关押在酒店之中。

（　　）

5. 已经启用的保险箱，必须在客人离店时才能打开。（　　）

三、问答题

1. 简述前台收银业务的范围及特点。
2. 简述保险箱服务操作程序。

任务八　送客服务

【任务情境】

陈先生提着旅行包从512房间匆匆走出，走到楼层中间拐弯处服务台前，将房间钥匙放到服务台上，对值班服务员说："小姐，这把钥匙交给您，我这就下楼去总台结账。"不料服务员不冷不热地告诉他："先生，请您稍等，等查完您的房后再走。"一面即拨电话联系同事。李先生顿时很尴尬，心里很不高兴，只得无可奈何地说："那就请便吧。"这时，另一位服务员从工作间出来，走到陈先生跟前，将他上下打量一番，又扫视一下那只旅行包，陈先生觉得受到了侮辱，气得脸色都变了，大声嚷道："你们太不尊重人了！"于是，便向酒店进行了投诉，接到投诉后，拉拉迅速进行了处理，及时安抚了客人的情绪，得到了客人的谅解。

【任务工单】

任务名称	送客服务		
班级		所属小组	第______小组
工作任务	两位服务员的做法令陈先生非常生气，因此拉拉意识到送客服务至关重要，只有给客人留下完美的印象，才能使酒店越来越好。为此，酒店计划不定时举办送客服务情景模拟，提升员工的服务技能		
任务目的	意识到送客服务的重要性；掌握离店服务程序；能够顺利为客人提供送客服务		
任务实施要求	(1) 明确送客服务的程序； (2) 小组成员共同完成任务； (3) 各个小组积极讨论送客服务的工作内容，并进行小组模拟送客服务		
任务实施步骤	(1) 小组成员分工； (2) 查阅资料，掌握送客服务工作的有关内容； (3) 小组排练，模拟送客服务工作情境； (4) 制作汇报PPT； (5) 课堂汇报，小组互评； (6) 教师点评、总结		
任务成果形式	送客服务工作情景模拟考核		

知 识 准 备

客人在结束逗留期离开酒店前，须办理离店手续，前厅部须向客人提供离店服务。

一、送客服务的目的

（一）结清账户，回收欠款

客人从入住之日起，前厅收银处已为客人累计客账并监督其信用限额，为保证回收客人的赊欠款做了大量准备工作。客人离店前，收银组收到“次日离店客人名单”后，即着手结清这些客人的账单。当客人前来办理离店手续时，收银员应进一步核对客人的欠款，请客人确认，按客人入住登记时约定的付款方式结账，及时收回住客欠款。

（二）改变房态，以利销售

住客离店，客房就处于闲置状态，空房时间越长，酒店损失越大。因此，收款、退房、清房、开房四个环节必须及时沟通，使走客房迅速得以整理、出租，尽早迎接新客人入住，提高酒店客房的出租率，如图 2. 39 所示。

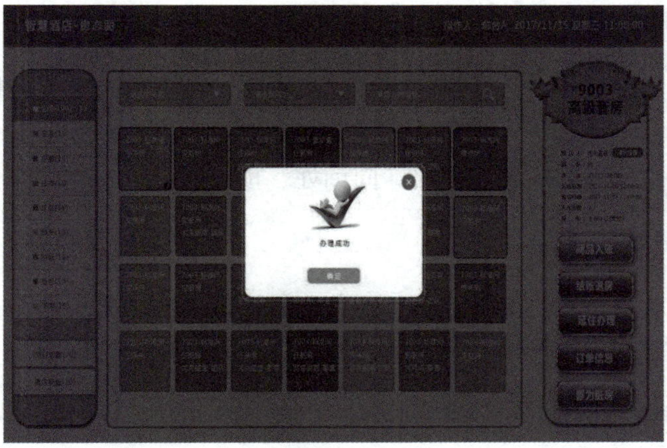

图 2. 39　更改房态

（三）征求意见，争取回头客

征求客人意见是酒店尊重客人、重视客人的体现，是对酒店的服务质量及客人的满意程度的调查。通过征求客人意见，可直接搜集到客人的反馈信息，既有利于提高酒店的服务质量，同时也可加深客人对酒店的良好印象。因此，在对客离店服务时，应主动、诚恳地征求客人对酒店的意见和建议，并认真记录，同时对客人表示谢意，邀请客人再度光临。事后，将有关事宜向各个部门传达，提高酒店管理水平。

（四）及时建立客史档案

客人离店后，前台员工应该将住客的有关情况，记入客史档案卡中并予以归档。客史档案对酒店来说，是极其珍贵的资料，尤其是有利于提供针对性、个性化服务，有利于开展市场调研，使酒店在行业竞争中立于不败之地。

二、离店服务程序

（1）收银员根据接待员制作的预计离店客人一览表，抽出当日预期离店客人的账卡，进行审核、结账，确保账目清楚、准确无误。

（2）客人前来结账时，收银员出示其账卡并询问是否有刚发生的费用，同时检查这些费用是否入账。

（3）向客人报告其在酒店的消费总额。若客人无异议，即可开总账单，收回款项，予以结账；若客人有异议，则须耐心向客人分叙账单的细目，礼貌地邀请客人和自己一起核对账单。

三、离店服务准备

客人离店总是希望手续简便，高效快捷，这也是酒店高质量服务的内容之一。为了达到这一目标，在客人离店前，与客人离店有关人员做好相应准备就显得尤为必要了。

（一）开房员的准备

开房员每天必须根据客人入住登记表逐一核查次日预期离店客人的情况，制作《次日预期离店客人名单》交收银处。名单一般按房号顺序排列并清楚列明客人房号、姓名、入住日期等，同时还应该送交客房、总机、问询处、预订处、行李处等有关部门。

（二）收银员的准备

客人入住后，收银员每日累计账目。在接到次日预期离店客人名单后，应该将这些客人的账单结好待用。

（三）问询员的准备

问询员在客人离店前需详细检查客人的信件及留言，并及时将信件及留言递送到客人手中；若客人外出，应该将信件及留言放入该客人的房间钥匙存放架中，以便及时交给客人。

（四）行李员的准备

当接到客人离店并要求搬运行李的通知时，前厅行李处主管必须核对清楚客人姓名、房号、行李件数以及要求搬运行李的时间，并安排行李员在预定的时间上楼帮助客人。行李员应该提前通知行李专梯做准备，备好行李车，填好散客离店行李登记表。若是团体离店，则必须安排多名行李员并按楼层依次收验行李。验收时，要逐一查看每件行李上的标签，验证团体名称、客人姓名、行李件数并填写团体离店客人行李登记表。装车运送时，应同楼同车、同团同车，切勿混装。一次拿不完的行李，要派专人看管，并用网绳盖好或绑好。

（五）总机员的准备

总机员接到次日预期离店客人名单时，应该完成两件事情：一是查看名单中有无电话费未交或未记账的，若有，立即通知收银处累账。二是查看名单中客人有无预订叫醒服务，若客人无预订，应该主动打电话询问客人什么时候离开，是否需要提供叫醒服务，以示关心；若客人预订了叫醒服务，则应该交接给下一班遵照执行。

【任务实施】

学生讨论，模拟送客服务。

【任务评价】

<table>
<tr><th>序号</th><th>考核内容</th><th>考核要点</th><th>应得分</th><th>自评分</th><th>互评分</th><th>教师评分</th></tr>
<tr><td>1</td><td>送客服务的目的</td><td>掌握送客服务的目的</td><td>20</td><td></td><td></td><td></td></tr>
<tr><td>2</td><td>离店服务程序</td><td>熟悉离店服务程序</td><td>30</td><td></td><td></td><td></td></tr>
<tr><td>3</td><td>离店服务准备</td><td>服务流程规范、熟练、得体</td><td>50</td><td></td><td></td><td></td></tr>
<tr><td colspan="3">总分</td><td>100</td><td></td><td></td><td></td></tr>
<tr><td colspan="2">小组自评</td><td colspan="5"></td></tr>
<tr><td colspan="2">小组互评</td><td colspan="5"></td></tr>
<tr><td colspan="2">教师评价</td><td colspan="5"></td></tr>
<tr><td rowspan="2">小组成员个人得分</td><td>姓名</td><td></td><td></td><td></td><td colspan="2"></td></tr>
<tr><td>得分</td><td></td><td></td><td></td><td colspan="2"></td></tr>
<tr><td colspan="2">说明</td><td colspan="5">小组任务得分＝小组自评＊20%+小组互评＊40%+教师评价＊40%。
小组成员个人得分由小组长和教师根据个人任务完成中的工作情况分配分数</td></tr>
</table>

案例阅读

一天晚上，三位客人在一家酒店中餐厅用餐。她们在此已坐了两个多小时，仍没有去意。服务员心里很着急，到她们身边站了好几次，想催促她们赶紧结账，但始终没有说出口。最后，她终于忍不住对客人说："您好，能不能赶紧结账，如想继续聊天请到酒吧或咖啡厅。"

"什么！你想赶我们走，我们现在还不想结账呢。"一位客人听了她话非常气愤，表示不肯离开。另一位客人看了看表，连忙劝同伴立即结账。那位气愤的客人没好气地让服务员把账单拿过来。看过账单，她指出有一道菜没点过，但却算进了账单，请服务员去改正。这位服务员忙回答客人，账单必定没错，菜已经上过了。几位客人却辩解说，没有点这道菜。服务员又仔细回忆了一下，觉得也许是自己错了，急忙到收银员那里去改账。

当她把改过的账单交给客人时，客人对她讲："餐费我可以付，但你服务态度让我们不能接受。请你立即把餐厅经理叫过来。"这位服务员听了客人的话感到非常委屈。其实，她在客人点菜和进餐服务过程中并没有什么过错，只是想催促客人早些结账。

"您好，我在服务中有什么过错的话，我向你们道歉了，还是不要找我们经理了。"服务员用哀求的口气说道。

"不行，我们就是要找你们经理。"客人并不妥协。

服务员见事情无可挽回，只得将餐厅经理找来。客人告诉经理，她们对服务员催促她们结账的做法很气愤。此外，服务员把费用多算了，说明服务员服务有问题。

"这些的确是我们工作上的失误，我向您表达歉意。结完账也欢迎你们继续在这里休息。"经理边说边让那位服务员赶紧给客人倒茶。

案例思考：

在送客服务过程中，服务人员应做到礼貌、耐心、细致、周全，使客人满意。

【前厅英语】

Guest Folio 客人账单

May I reconfirm your departure date? 我可以再次确认您的离店日期吗？

How many pieces of luggage do you have? 请问您有几件行李？

Please confirm whether your bill is correct? 请您确认您的账单是否正确？

Thank you very much for staying in our hotel. 十分感谢您入住本酒店！

Welcome to our hotel next time! /Nice to see you again。欢迎下次光临！

课后作业

一、填空题

1. 客人离开酒店前，需办理离店手续，前厅部需向客人提供__________。

2. 住客离店，客房就处于__________，因此，走客房须迅速整理、出租，提高酒店客房的出租率。

3. 建立客史档案有利于向客人提供__________、__________服务。

4. 酒店高质量服务内容之一是为客人__________地办理离店手续。

5. 开房员每天必须根据客人__________逐一核查次日预期离店客人的情况，制作《次日预期离店客人名单》交收银处。

二、判断题

1. 通过征求客人意见，可直接搜集到客人的反馈信息，既有利于提高酒店的服务质

量，同时也可加深客人对酒店的良好印象。 ( )

2. 客人离店后就与酒店无关了，不需要有其他的服务工作。 ( )

3. 为了为客人高效快捷地办理离店手续，在客人离店前，与客人离店有关人员应当做好相应准备。 ( )

4. 在接到次日预期离店客人名单后，收银员应该将每日累计账目的账单结好待用。 ( )

5. 行李员在客人离店前需详细检查客人的信件及留言，并及时将信件及留言递送到客人手中。 ( )

三、问答题

1. 送客服务的目的有哪些？

2. 简述离店服务程序。

任务九 贵宾服务

【任务情境】

某日，一位 VIP 客人就餐后来到收银台结账，当他看到账单上的总金额时马上火冒三丈，他说："你们真是乱收费，我不可能有这么多的消费！"

拉拉面带微笑地回答说："对不起，先生，我们一起核对账单好吗？"客人没有表示异议，于是客人与拉拉一起就账单上的项目一一核对。其间，拉拉对几笔大的金额进行了口头提醒。等账单核对完毕，拉拉很有礼貌地说："先生，还有不清楚的地方吗？"此时，客人知道自己错了，便一边掏钱一边小声说道："小姐，买单！"

【任务工单】

任务名称	贵宾服务		
班级		所属小组	第________小组
工作任务	拉拉与客人一起核对账单，既安抚了客人的情绪，又保证了酒店的利益。为了使员工能够熟练掌握 VIP 接待程序，酒店前厅部决定组织一次贵宾接待模拟考核		
任务目的	牢记 VIP 客人服务规格标准；掌握 VIP 接待程序		
任务实施要求	（1）掌握 VIP 接待程序； （2）小组成员共同完成任务； （3）各个小组积极讨论贵宾服务的工作内容，并进行小组模拟贵宾接待服务		
任务实施步骤	（1）小组成员分工； （2）查阅资料，掌握贵宾服务工作的有关内容； （3）小组排练，模拟贵宾接待服务工作情境； （4）制作汇报 PPT； （5）课堂汇报，小组互评； （6）教师点评、总结		
任务成果形式	贵宾服务工作情景模拟考核		

《知 识 准 备》

一、贵宾的概念与等级

（一）贵宾概念

贵宾，即 VIP（Very Important Person）客人，是指对酒店的效益和形象能产生重要影响的客人（图 2.40）。

图 2.40　贵宾

（二）贵宾等级划分

（1）非常重要的客人（VVIP），VVIP 客人指国内外政党和国家及军队等元首级的重要官员。

（2）非常重要的客人（VIP）。VIP 客人包括政府官员、知名人士、国际和国内名牌企业集团或本酒店上级主管部门的主要领导人。

（3）重要客人（IP）。1P 客人指与酒店关系密切的人，旅行社、协会等团体组织中的决策人或是公司部门经理以上的人员。

（4）特殊客人（SP），SP 客人指经常入住酒店，或曾经对酒店有过投诉，或需要特殊关照的客人。

（5）关键客人（KP）。KP 客人指团队陪同、翻译、订房人等，能在酒店和客人之间起到很好的桥梁作用。

（三）贵宾等级常规分类

1. A 等级

A 等级 VIP 客人包括我国及其他国家的部长级官员，世界著名大公司的董事长、总裁或总经理，以及我国各省、市、自治区的负责官员。

2. B 等级

B 等级 VIP 客人包括各地、市的主要党政官员，各省、市、自治区旅游部门的负责官员，国内外文化艺术、新闻、体育等各界负责人员或著名人士；各地星级酒店的总经理。

3. C 等级

C 等级 VIP 客人包括各地物资部门的负责官员，国内外著名公司、企业及合资企业、外资企业的董事长或总经理，与酒店有重要协作关系的企业的总经理，酒店总经理要求按

VIP 规格接待的客人。

以上仅为常规划分，酒店应根据自己的实际情况加以调整。

二、VIP 客人服务规格标准

（一）A 等级 VIP 客人

1. 迎送要求

要求酒店总经理率部分员工在大厅门口列队等候迎送贵宾，需要一定的迎送仪式。

2. 客房要求

（1）放置于房间格调相协调的工艺品。

（2）放置精美的插花与盆景。

（3）每天放置一篮水果（专用果篮、盘、刀、叉、口布、洗手盅）及精美糕饼点心，且配送小毛巾。

（4）赠送进口红酒一瓶。

（5）每天客房小冰箱内的矿泉水、果汁、可乐、雪碧免费。

（6）放置酒店总经理亲笔签名的致敬信与名片。

（7）每天提供两种以上的报纸（如是外宾，则提供英文报纸）。

（8）做夜床时赠送一份精致的工艺品。

（9）专人提供服务。

（10）客房清洁采取随进随出制，当客人出门时进行客房清洁与小整服务。

A 等级 VIP 客人房间如图 2.41 所示。

图 2.41　A 等级 VIP 客人房间

3. 餐饮要求

（1）客人抵店第一餐，由总经理引领客人进餐厅。

（2）使用专用包厢。

（3）事先确定菜单。
（4）专人服务。
（5）专人烹制菜肴。

4. 保安要求

（1）事先保留车位。
（2）加强酒店四周警卫和巡视。
（3）专用客梯。

（二）B 等级 VIP 客人

1. 迎送要求

要求总经理或者大堂经理在大厅门口等候迎送客人。

2. 客房要求

（1）放置精美的插花与盆景。
（2）每天放置一篮水果（专用果篮、盘、刀、叉、口布、洗手盅）及精美糕饼点心，且配送小毛巾。
（3）赠送国产红酒一瓶。
（4）放置酒店总经理亲笔签名的致敬信与名片。
（5）每天提供两种以上的报纸（如是外宾，则提供英文报纸）。
（6）做夜床时赠送一份精致的纪念品。
（7）客房清洁采取随进随出制，当客人出门时进行客房清洁与小整服务。

3. 餐饮要求

（1）客人抵店第一餐，由总经理引领客人进餐厅。
（2）使用专用包厢。
（3）事先确定菜单。
（4）专人服务。

4. 保安要求

事先保留车位。

（三）C 等级 VIP 客人

1. 迎送要求

总经理或大堂副理在大厅门口等候迎送客人。

2. 客房要求

（1）放置精美的插花与盆景。
（2）每天放置一篮水果（专用果篮、盘、刀、叉、口布、洗手盅）及精美糕饼点心，且配送小毛巾。

(3) 放置酒店总经理亲笔签名的致敬信与名片。

(4) 每天提供两种以上的报纸（如是外宾，则提供英文报纸）。

(5) 做夜床时赠送一份精致的纪念品。

(6) 客房清洁采取三进房制，当客人出门时进行小整理服务。

3. 餐饮要求

(1) 客人抵店第一餐，由总经理或者餐饮总监引领客人进餐厅。

(2) 使用专用包厢或餐厅留座（视总经理要求而定）。

(3) 每天开出专用菜单（视总经理要求而定）。

以上等级标准仅为参考标准，酒店应注意根据实际适当调整。

三、VIP 接待程序

VIP 接待程序要注意以下几点。

(1) 接到 VIP 客人通知后，迅速与总台确定 VIP 客人将要入住的房间号码，并立即通知客房部、餐饮部做好准备。

(2) 在 VIP 客人到达前，先了解 VIP 的姓名、职务、习惯、爱好、要求及至店时间。

(3) 检查 VIP 房的准备情况，鲜花、水果及欢迎函等用品的布置工作，确保 VIP 房的最佳状况。

(4) 准备贵宾入住登记卡、欢迎卡、房卡、总经理名片，并加盖 VIP 章。

(5) 接到 VIP 客人正在抵达途中报告后，大堂副理应通知酒店管理层（如总经理，执行总经理、总助或管理层指定的相应人员）到大门口迎接，同时通知楼层准备迎领人员、欢迎茶、香巾等。

(6) 客人抵达时，行李员做好接车准备，开车门，准备行李车运送行李，大堂副理上前迎接并引荐代表酒店方面的人员与贵宾认识（要准确用 VIP 的职务或姓氏称呼客人），随后陪同贵宾办理登记手续。

(7) 送上欢迎茶、香巾等，并介绍酒店相关情况。

(8) 征求 VIP 客人意见，并记录好 VIP 客人的特别要求，以随时提供相应服务。

(9) 提醒客房部做好客人住店期间的服务工作，并及时做好小整理服务、迎进送出。

(10) 准确了解 VIP 客人的离店时间，通知行李员及楼层领班事先到相应楼层等候，随时提供服务，并通知相应管理层到大堂欢送 VIP 客人。

(11) 整理 VIP 相关资料、住房期间相应喜好等，归档保存以便 VIP 客人再次下榻时的服务。

【任务实施】

按照 VIP 接待计划，学生按所设情景以不同角色实施接待，完成模拟接待任务。

【任务评价】

序号	考核内容	考核要点	应得分	自评分	互评分	教师评分
1	贵宾的概念与等级	熟记贵宾的等级	20			
2	VIP 客人服务规格标准	熟记 VIP 客人服务规格标准	30			
3	VIP 接待程序	服务流程规范、熟练、得体	50			
总分			100			
小组自评						
小组互评						
教师评价						
小组成员个人得分	姓名					
	得分					
说明	小组任务得分=小组自评＊20%+小组互评＊40%+教师评价＊40%。 小组成员个人得分由小组长和教师根据个人任务完成中的工作情况分配分数					

案例阅读

正值旅游旺季，酒店来了几位 VIP 客人。用餐时，客人们都津津有味地吃了起来，坐在一旁的女客人却没有动作，表情微露不适。在一旁的服务员梁冰看在眼里，急忙上前，礼貌而热情地询问客人还需要什么服务。女客人说她现在很想喝一杯咖啡。梁冰很快来到吧台，向领导说明情况，领导拿了一包自己平时饮用的马来西亚的白咖啡给她，她只用了几分钟，一杯热气腾腾、芳香四溢的咖啡便摆在客人面前，客人喝着咖啡，脸上露出了满意的笑容。事后，酒店的员工问及此事的原委，梁冰说，有人喜欢用咖啡来驱散疲劳，客人游玩一天，累了想喝咖啡很正常，虽然我们酒店是中餐没有咖啡售卖，但客人有要求，我们就要想办法满足她的要求。由于她的服务热情、周到、及时，连续几次被评为酒店优秀员工和星级服务员。尽管多次获奖，但她总是默默无闻，不喜欢炫耀自己，用她的话说："说大话不如干实事。"

案例反思：

作为一名普通服务员，梁冰却能够站在客人的立场思考问题，用她个性化的服务让客人感到开心满意，这是我们应该不断追求和发扬的，只有这样，才能赢得客人的好感，树立更好的酒店形象。

【前厅英语】

Very Important Person /VIP 贵宾
Important Person /IP 重要客人
Special Person /SP 特殊客人
Key Person /KP 关键客人
Personalized Service 个性化服务
Personal Service 专人服务

课后作业

一、填空题

1. ________，即 VIP（Very Important Person）客人，是指对酒店的效益和形象能产生重要影响的客人。

2. 贵宾通常划分为五个等级，其中包括：VVIP、________、IP、________、KP。

3. VIP 客人包括________、________、国际和国内名牌企业集团或本酒店上级主管部门的主要领导人。

4. ________指经常入住酒店，或曾经对酒店有过投诉，或需要特殊关照的客人。

5. 东盟博览会期间，东盟国家领导人下榻本酒店，他们属于________贵宾。

二、判断题

1. 非常重要的客人（VVIP），指与酒店关系密切的人，旅行社、协会等团体组织中的决策人或是公司部门经理以上的人员。 （　　）

2. 关键客人（KP）。KP 客人指团队陪同、翻译、订房人等，能在酒店和客人之间起到很好的桥梁作用。 （　　）

3. 迎送 A 级 VIP 客人时，酒店总经理率部分员工在大厅门口列队等候迎送贵宾。 （　　）

4. VIP 客人离店后，整理 VIP 相关资料、住房期间相应喜好等，归档保存以便 VIP 客人再次下榻时的服务。 （　　）

5. 无论是哪种等级的 VIP 客人，服务规格标准都是一样的。 （　　）

三、问答题

1. 简述 VIP 客人服务规格标准。

2. VIP 接待程序有哪些？

模块小结

前厅部是酒店组织客源、销售客房商品、沟通和协调各部门对客服务，并为宾客提供前厅服务的综合性部门。前厅部的软硬件水平对酒店总体服务质量的高低有着至关重要的作用。本模块介绍了前厅部的各项服务，如预订服务、入住服务、迎宾服务、礼宾服务、总机服务、总台服务、收银服务、送客服务、贵宾服务等，强调了对前厅部从业人员的素质要求。

模块练习

一、填空题

1. ＿＿＿＿＿是客人或其委托人在离预期抵店日期尚有较多时间的情况下采取的一种传统而正式的预订方式。

2. 酒店预订类型包括＿＿＿＿＿、＿＿＿＿＿和＿＿＿＿＿三种。

3. ＿＿＿＿＿是酒店满足客人有关信息需求的一项重要的前厅服务。

4. 问询处的留言服务可以分为＿＿＿＿＿、＿＿＿＿＿、＿＿＿＿＿。

5. 建立客史档案有利于向客人提供＿＿＿＿＿、＿＿＿＿＿服务。

二、不定项选择题

1. 按照国家法律的规定，办理住宿登记手续需要填写的信息包括（　　）。

A. 客人的姓名　　B. 性别

C. 有效住址　　D. 有效证件的名称与号码

2. 下列属于委托代办服务的是（　　）。

A. 预订车辆服务　　B. 泊车服务

C. 衣物寄存服务　　D. 外修外购服务

3. 前台收银业务的范围包括（　　）。

A. 开立住客账户　　B. 负责业务分析并累计客账

C. 办理客人的离店结账手续　　D. 提供外币兑换服务

4. 总机服务工作所需要的准备有（　　）。

A. 熟练使用办公软件　　B. 熟悉所在地的各种公共设施及电话

C. 能够背诵酒店具体概况　　D. 能背诵酒店各部门各房间的电话号码

5. 酒店通常为住店客人免费提供贵重物品保管服务的形式有（　　）。

A. 客房内的小型保险箱　　B. 手提式保险箱

C. 前台的客用保险箱　　D. 电子保险箱

三、简答题

1. 客房预订的常见方式有哪些？

2. 保证性预订的担保形式有哪些？
3. 简述散客入住登记程序。
4. 总台接待人员的注意事项有哪些？
5. 简述送客服务的目的。

四、案例分析题

由于知道国庆节期间客房紧张，梁先生提前一个半月就向一家三星级酒店预订了一个标准间，并约定于10月1日晚上9点左右抵达酒店。酒店预订部接受了他的预订，并答应为其保留到晚上九点钟。国庆节前一天梁先生还打电话确认了他的订房，并表示他将如期抵达。

正如往年一样，10月1日这天的客房供不应求，预订的客人也早早地来到酒店并办理了入住登记手续。也有不少未做预订的散客前来，但被告知暂无客房，请他们下午六点之后再打电话来询问。

下午六点后，仍有几位预订客人尚未抵达，而大堂内未预订的散客仍有不少还在等待和要求安排客房。接待员小王不敢随便取消预订，因为有些客人预期抵达的时间还未到。

晚上九点，小王翻了翻当天的预订单，发现梁先生仍未如期抵达。小王在考虑要不要再为梁先生保留一会儿客房。恰巧这时从门外进来了两位客人，他们向小王倾诉苦衷，说兜了一大圈儿，实在找不到客房，请求小王无论如何都要帮忙为他们解决一间客房。

小王想："反正梁先生预期抵达的时间已过，如果梁先生真的不来，就会给酒店造成损失。我为眼前的两位解了燃眉之急，他们还不知道会有多激动呢。"于是，小王就说："两位先生可真幸运，来得早不如来得巧！前面有几位客人来，我们还真没房间给他们呢。正巧有位预订的客人到现在都没来，我就将房间安排给你们吧。这可是最后一间客房了！"两位客人自然非常高兴。

刚把两位客人安顿好，梁先生一家三口急匆匆地出现在面前。梁先生嘴里不停地说："今天真是不顺，飞机整整延误了半个小时。我们紧赶慢赶总算到酒店了，都累坏了，赶快安排我们进房吧！"

小王一脸为难，说："梁先生，按照国际惯例，我们为客人保留到晚上六点，由于你事先告诉我们将于晚上九点抵达，所以我们一直为您保留着客房，但是您看，现在已经是九点过十五分了，今天又是国庆节，客房特别紧张，许多客人都等着要房间，所以……"梁先生未等小王把话讲完，就大发雷霆："什么？你们也太不讲信用了！我才迟了十几分钟，你们就把我的房间卖给别人了。飞机延误又不是我的错！不管怎么样，你们今天一定要给我安排一个房间，否则，我们只有睡马路了。"

问题：

面对梁先生的要求，小王应该怎样处理？

模块三　晋升销售经理

◎思政导读

当今世界，酒店的市场状况已普遍从卖方市场转入买方市场，酒店越来越重视顾客需求，把顾客的需求当作营销工作的出发点。前厅部须承担起酒店的销售工作，尤其是客房的销售将直接影响到酒店的经济效益。因此，前厅部应积极主动地推销酒店产品，绝不能被动地等客上门，特别是总台员工，一定要掌握销售艺术与技巧，必须面带微笑，以端正的站姿、热情的态度、礼貌的语言、快捷规范的服务接待每位客人。同时，前厅还应制作各种反映酒店经营管理状况的各类报表，以便于管理者进行管理决策，也便于部门间的信息沟通。

知识导图

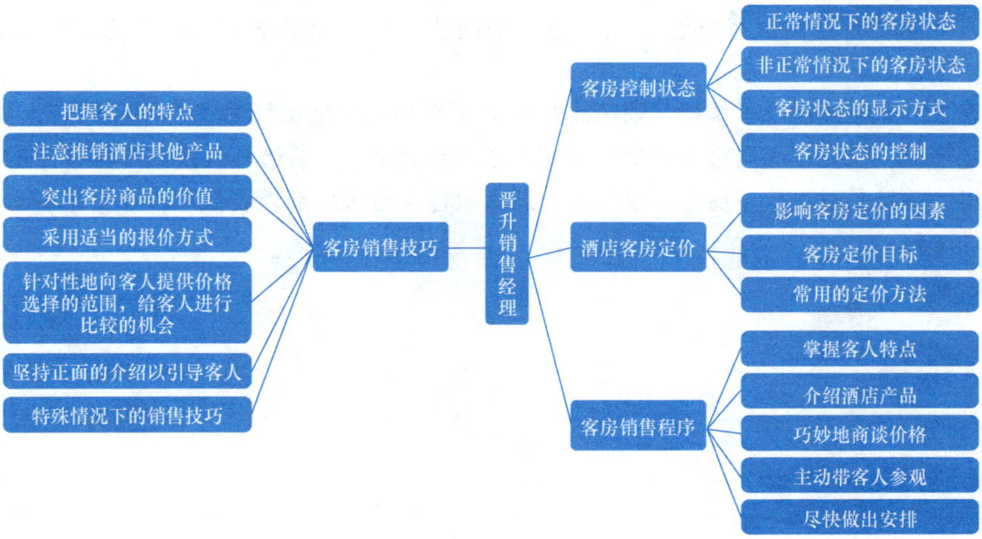

学习目标

知识目标

1. 了解影响客房定价的因素。
2. 了解客人的特点。

技能目标

1. 掌握常用的定价方法。
2. 掌握商谈价格的技巧。
3. 能够采用适当的报价方式销售客房。

思政目标

1. 培养学生爱岗敬业的职业素养。
2. 能自觉应用所学岗位素质要求来规范自身学习、工作和日常生活习惯。

任务一　客房状态控制

【任务情境】

一天，一位已经有预订的客人来到了酒店前台，客人要求将原来的标准间改为套房，以方便会客。值台员小蔡查看了房态，正好有客人需要的套房，于是安排客人入住了916号套房，随后在客人的入住登记表上将标准间改为了916号套房，并且将原来客人预订的标准间在电脑上也做了空房修改，但是却忘记了在电脑上将刚才出租套房的房态改为已住房。到了晚上，小蔡下班时没有告诉接班工作人员拉拉换房的事，当有客人要求入住套房时，拉拉将电脑上显示是空房而实际上已有住客的916号套房安排给了客人。

客人办完手续后上了楼层，随后就打电话下来质问是怎么回事，房间已经有人住了。听到此情况，拉拉一面向客人道歉，一面赶紧查看记录，然后给客人换到了该楼层的另一间套房，并且及时更改了房态。第二天，酒店向客人赠送水果以表歉意，并给了客人一个合理的解释。

【任务工单】

任务名称	客房状态控制		
班级		所属小组	第______小组
工作任务	由于未及时更改房态，客人遭遇了尴尬的状况，也暴露出酒店工作的不足。为了提升工作人员的工作水平，掌握客房状态控制的工作要点，酒店决定组织工作人员参与客房状态控制工作情景模拟考核		
任务目的	掌握各种客房状态；了解客房状态的显示方式；能够顺利进行客房状态的控制		
任务实施要求	(1) 明确各种客房状态； (2) 小组成员共同完成任务； (3) 各个小组积极讨论客房状态控制的工作内容，并进行小组模拟客房状态控制工作情景模拟		
任务实施步骤	(1) 小组成员分工； (2) 查阅资料，掌握客房状态控制工作的有关内容； (3) 小组排练，模拟客房状态控制工作情境； (4) 制作汇报 PPT； (5) 课堂汇报，小组互评； (6) 教师点评、总结		
任务成果形式	客房状态控制工作情景模拟		

知识准备

客房是酒店综合服务产品的核心部分，客房产品状况如何及房态控制得成功与否，对客房产品的销售会产生直接的影响。准确掌握客房状态，是做好客房销售工作以及提高接待服务水平的前提。

一、正常情况下的客房状态

(1) 住客房指住店客人正在使用的客房。

(2) 空房指已经完成清扫整理工作，可随时入住的客房。

(3) 走客房指客人已经结账离店，待清扫或正在清扫的房间。

(4) 待修房指因房间设施设备出现故障，正在或等待维修、改造的房间。

(5) 保留房指一种内部掌握的客房，是酒店为接待一些会议、团队或重要客人而提前预留的房间。

为此，接待员或预订员应在电脑做特殊标志，表明此房间已在某个时间为某位客人保留，以防止将客房给其他客人入住。为客人保留房间时，应熟悉预定资料，搞清需保留客房的原因及客人的情况，并填写保留房记录。

二、非正常情况下的客房状态

(1) 外宿房。如果客人住店期间在外过夜，前厅接待员应在电脑（或房架卡）上对该房做外宿未归标记。同时，将此信息通知大堂副理或值班经理。

(2) 携少量行李的住客房。为了防止发生逃账等意外情况，客房部应将此种客房状况通知前厅。

(3) 请勿打扰房（图 3.1）。如果客房的“请勿打扰”灯亮着，或者门把手上挂有“请勿打扰”牌，服务员就不能进房为客人提供服务。请勿打扰房通常属于住客房，但也有可能是走客房或空房，所以有必要对此种客房加以关注，到了酒店规定的时间，前厅或客房部应打电话与住客联系，以弄清情况，进房打扫或检查。

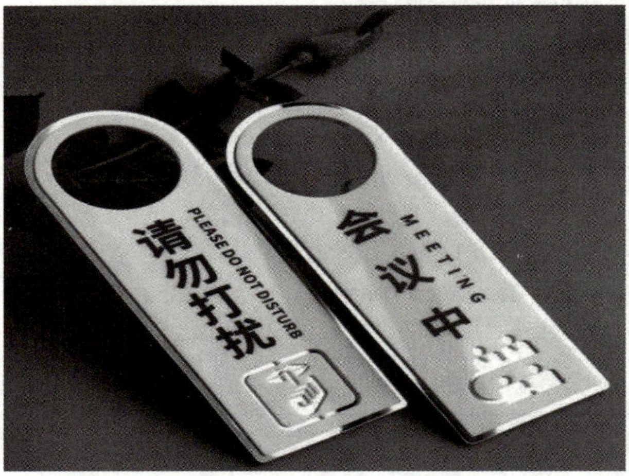

图 3.1　请勿打扰

(4) 双锁房。有时，住客为了不受干扰，在房内把门双锁，服务人员用普通钥匙无法开启房门。对双锁房要加强观察，因为可能是客人的错误操作，在离开房间时无意中把门双锁了，也可能是因为客人生病甚至死亡。此外，当酒店发现客房内设备严重受损，客房内有暴露的贵重物品或刑事案件发生时，酒店管理部门也会做出双锁客房的决定。

三、客房状态的显示方式

客房状态显示是指将酒店每一间客房所处的状态、类型、住客状态等，随时、全面、准确地显示出来的一项基础管理工作。客房状态通常有以下两种显示方式。

（一）客房状态显示架

在没有使用计算机管理的酒店，客房状态显示架（图 3.2）是显示客房现状最有效的工具，它可以持续地显示酒店的全部客房及住客情况。客房状态架呈 45°角，安装在前厅接待部内侧的工作台上，接待员将表示客房不同状态的卡条放入客房状态显示架槽口内或取出，据此控制和了解客房状况及住客情况。

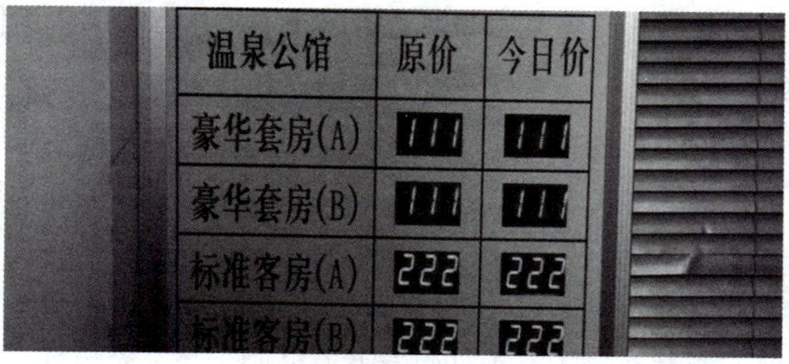

图 3.2 客房状态显示架

（二）计算机控制系统

使用计算机管理系统，客房的各种状态分别由客房部、前厅接待部等予以转换和控制，以达到掌握和控制房态的目的。例如，客房部每天通过计算机系统提供的楼层住客状况表来完成卫生清扫的组织安排；“走客房”清扫完毕，楼层主管或领班经检查并确认可以重新出租后，通过电话通知或利用客房部电脑终端输入计算机控制系统，使客房由“走客房”改为可供入住的“空房”；客房出租时，前厅接待员则将客人资料及客房出租等信息输入计算机，使“空房”转换为“住客房”；客人结账退房后，收银员将客人已结账的信息输入计算机，使客房由“住客房”变为“走客房”等，使各种客房状态都可以通过计算机输出、显示，变更、自动转换来反映客房状态，达到控制客房状态的目的，从而为客房预订和销售提供前提条件。

四、客房状态的控制

对于传统的采用客房状态显示架等手工方法显示和控制房态的酒店，房态的控制是一项比较复杂和困难的事，而且容易出错。这种酒店主要采用变换客房状态卡条，按时正确填写和交换、核对控制表格，加强多方面的信息沟通等方法来控制房态。对于大多数已经使用计算机管理的酒店，控制房态则相对比较容易，其房态的变更和转换过程是实时和自动的，通过电脑屏幕直观显示，一目了然。

房态的控制主要采取两种方法：一是设计制作并准确填写房态控制的各种表；二是加强房态信息的沟通。

（一）房态控制的表格

控制房态的表格主要有以下几种。

1. 客房状态表

接待员每天在规定时间内，依据客房状况显示架或计算机系统显示的各种房态及预订资料进行统计，并定时填写客房状态表。

2. 客房状态调整表

客房状态调整表可以反映客房状况的变化和调整情况，有助于接待部掌握临时取消预订、未预订抵店、延期离店、提前离店的客人情况，以做好客房销售工作。

3. 客房状态差异表

客房状态差异表是用于记录前厅显示的客房状况与客房部查房结果不一致之处的表格。此表是在接待员核对了客房部送来的检查报告后填写的。客房部的服务人员每天至少两次（早晚各一次）检查客房自然状况，客房部将检查结果汇总后，以楼层报告或房态表的形式送交前厅。接待员将其与电脑上所显示的房态表进行核对，如果发现不同之处，便逐一记录在“客房状态差异表”上。前厅将差异表的副本送交客房部，客房部及前厅部主管在各自亲自检查差异表上的每一间客房状况后，再次互通信息，以及时采取措施纠正错误。

（二）加强房态信息的沟通

1. 为了准确控制房态，前厅部管理人员必须做好部门间及部门内部的信息沟通工作

（1）销售部与前厅部的接待处、预定处之间的信息沟通。销售部应将团体客人、长住客人等订房情况及时通知预定处。预定处、接待处也应将散客的订房情况和住房情况及时通知销售部。销售部与前厅部的管理人员应经常一起研究客房销售的预测、政策、价格等事宜；旺季来临时，还应就团体客人、散客的组成比例达成初步协议，以最大程度地提高客房使用率。

（2）接待处与预定处之间的信息沟通。前厅部的接待处与预定处之间的信息沟通对于正确显示和控制房态具有同样重要的意义。接待处应每天填写客房状况调整表，将实际到店客房数、临时取消客房数、虽预定但未抵店的客人用房数、换房数等信息通知预定处。预定处据此更新预定汇总表等预定资料。

2. 信息沟通对客房现状显示系统的重要性

（1）前厅接待处与客房部之间的信息沟通。

前厅接待处应将客人的入住、换房、离店等信息及时通知客房部；客房部则应将客房的实际状况通知前厅接待处，以便核对和控制房态。另外，双方还应该就部门沟通中存在的问题，客人对客房的特殊要求、客房维修、保养计划安排等事宜进行及时沟通，以准确控制房态。

（2）前厅接待处与收银处之间的信息沟通。

客人入住后，接待员应及时建立客人的账单，并交收银处。客人住店期间，如住房或房价有了变化，也应利用客房、房价变更通知单将信息通知收银处。客人离店后，收银处则应立即将客人的离店信息通知接待处或客房部，由客房部及时安排走客房的卫生清扫，尽快使客房进入待出租的状态中。

【任务实施】

学生互相讨论，进行客房状态控制工作情景模拟。

【任务评价】

序号	考核内容	考核要点	应得分	自评分	互评分	教师评分
1	客房状态	了解正常情况与非正常情况下的客房状态	20			
2	客房状态的显示方式	熟悉不同客房状态的显示方式	30			
3	客房状态控制	服务流程规范、熟练、得体	50			
总分			100			
小组自评						
小组互评						
教师评价						
小组成员个人得分	姓名					
	得分					
说明	小组任务得分=小组自评×20%+小组互评×40%+教师评价×40%。 小组成员个人得分由小组长和教师根据个人任务完成中的工作情况分配分数					

案例阅读

南京某大酒店的门前停着一辆出租车，一对夫妇先后从车上走下，接待员接过行李，陪客人到总台前。

“我能为两位做些什么吗？”接待员十分礼貌地问。

“我在3天前与你们通过电话，预订一间朝南的套房，说好今日下午抵达，请你帮忙查一下预订记录。”那位先生说道。

“您的订房记录确实在这儿。但十分抱歉，今天我们没有一间空房，希望您能谅解。”接待员说道。“那不行，我与夫人新婚旅行。我担心没房间，所以提前打电话来预订。你们已经答应的话怎能不算数？”这位先生的恼怒已十分明显。

“确实抱歉，今天下午原定的一个旅行团增加了几名成员，多要了4个房间，所以原定的房间也不得不用来给他们了。”接待员如实相告。

这对夫妇更加生气了：“他们没预订却住进了房间，我们3天前就预订了反而睡露天不成？他们比我们重要？”这位先生此时加快了语速。

“不是的。那个旅行团中有好多人玩得太累了，生了病。为了能照顾好那些病人，旅行团负责人希望客人不要分散在几个酒店，所以便占了先生的房间。”接待员仍然不慌不忙地解释，“我向部门经理汇报过此事。我们已与本市唯一的五星级酒店联系过，他们有几间空房。我已代两位订了一间朝南的套房。那儿的设施齐全，房间又临街，可以观赏南京的市容。如果两位不介意，我马上派车送两位过去暂住一个晚上，尽管那里房价比我们高得多，但你们只需按预订的价格付钱。明天上午我再派车接两位回来，我一定给两位安排一个朝南的套间。”

这对夫妇听到付三星级酒店的房费可以住五星级的酒店，何乐而不为呢？于是欣然同意。

案例反思：

酒店客房是一种相当“脆弱”的商品，客人预订了房间但因特殊情况而住不上房的事时常发生，酒店服务员该如何巧妙地处理这样棘手的事情呢？

按照国际惯例，客人预订房间必须受到保护，酒店不能因为没法解决而敷衍塞责或一推了事。如果不能满足客人的这种合理要求，责任则在酒店。

本例中该酒店站在客人立场上提出解决问题的建议，在一般情况下都能为客人所接受。酒店在经济上要蒙受一些损失，还要两次派车接送，的确会增添许多麻烦，但同时却挽回了酒店的声誉，所以这些损失和麻烦都是必须承受的，也是值得的。

【前厅英语】

Room Forecasting 远期客房

Room Type Availability Grid 空房预报表

Room Plan 房间预测图

Room Status 当前房态图

Room Status 房态

Room Assignment 客房分配

课后作业

一、填空题

1. ________指住店客人正在使用的客房。
2. ________指已经完成清扫整理工作，可随时入住的客房。
3. ________指客人已经结账离店，待清扫或正在清扫的房间。
4. ________指因房间设施设备出现故障，正在或等待维修、改造的房间。
5. ________指一种内部掌握的客房，是酒店为接待一些会议、团队或重要客人而提前预留的房间。

二、判断题

1. 准确掌握客房状态，是做好客房销售工作以及提高接待服务水平的前提。（　　）

2. 空房指客人已经结账离店，待清扫或正在清扫的房间。（　　）

3. 携少量行李的住客，因为物品较少，客房部可以对此减少关注。（　　）

4. 在没有使用计算机管理的酒店，客房状态显示架是显示客房现状最有效的工具，它可以持续地显示酒店的全部客房及住客情况。（　　）

5. 使“空房”转换为“住客房”是楼层主管控制的。（　　）

三、问答题

1. 客房状态的显示方式有哪些？

2. 简述非正常状态下的客房状态。

任务二　酒店客房定价

【任务情境】

最近，酒店附近又新开了一家五星级酒店，这意味着酒店的竞争将日趋激烈，大家都感到了丝丝“寒意”。而在此时，酒店总经理又提出要在不降低平均房价的基础上，提高开房率，拉拉一时不知该从何入手……

【任务工单】

任务名称	酒店客房定价		
班级		所属小组	第______小组
工作任务	通过参加部门会议，作为酒店前厅部一员的拉拉意识到了酒店客房定价的重要性。为了了解影响客房定价的因素，掌握客房商品的定价目标，学会常用的定价方法，拉拉决定制定一份酒店客房定价总结报告		
任务目的	了解影响客房定价的因素，掌握客房商品的定价目标，学会常用的定价方法		
任务实施要求	（1）明确酒店客房定价的重要性； （2）小组成员共同完成任务； （3）各个小组积极讨论酒店客房定价的工作内容，并制订一份酒店客房定价总结报告		
任务实施步骤	（1）小组成员分工； （2）查阅资料，掌握酒店客房定价的有关内容； （3）小组讨论，制定一份酒店客房定价总结报告； （4）制作汇报 PPT； （5）课堂汇报，小组互评； （6）教师点评、总结		
任务成果形式	制定一份酒店客房定价总结报告		

知识准备

一、影响客房定价的因素

（一）定价目标

定价目标是指导客房商品定价的首要因素。客房商品定价应围绕定价目标进行。

（二）成本水平

成本水平是影响客房商品定价的基本要素，客房商品定价时，必须考虑客房商品的成本水平，一般而言，价格应确定在成本之上，否则，将导致亏损，长期下去，酒店将难以生存。

（三）供求关系

当供过于求时，将不得不考虑降低价格；当供不应求时，则可以考虑提高价格；而当供求平衡时，当前的市场价格即为合理的价格。供求关系是不断变化的，平衡是暂时的，而不平衡则是绝对的，因此，客房商品的价格应随供求关系的变化，不断地加以调整。

（四）竞争对手的价格

竞争对手的价格是酒店制定房价时的重要参考依据。制定房价时，应首先了解本地区同等级的其他酒店的房价。一般来说，新的房价应略低于同档次其他酒店的房价，这样的房价才具有竞争力。但是，酒店也不能一味地靠低价格取胜，因为有些客人会把到某一价格较高的酒店住宿看成是自己身份和地位的象征，价格过低，会失去对这部分客人的吸引力。另外，也会使客人怀疑本酒店的服务质量，长期实施低价格，也会影响酒店的市场形象，而一旦调高价格，就会引起客人的不满，从而失去竞争力。此外，一个值得注意的现象是，价格过低会使酒店员工产生这样的认识：低档价格只能配之以低档服务。从而自觉或不自觉地降低服务质量标准，导致服务质量的下降，如服务态度变坏、卫生状况变差等。

（五）酒店的地理位置

酒店的地理位置是影响房价的又一重要因素。一位著名的国际酒店管理专家曾经说过："酒店的经营成功有三个因素：第一是地理位置；第二是地理位置；第三还是地理位置。"这足以说明地理位置对酒店经营的重要性（图3.3）。一般而言，位于市中心，离机场，车站比较近，交通便利的酒店，其房价可适当提高一些，而位于市郊或其他地理位置不好的酒店则应相应地降低房价，以提高竞争力。

图3.3 酒店交通的重要性

（六）旅游业的季节性

季节性强是旅游业的一大特点。旅游业的季节性直接影响到酒店经营的季节性（图3.4）。在淡、旺季，由于客房供给和需求往往不能达到平衡，所以，必须发挥价格的调节作用来刺激客人需求。

图 3.4　酒店经营的季节性

二、客房定价目标

（一）追求利润最大化

追求利润最大化是制定客房价格最基本的目标。利润最大化分为短期利润最大化和长期利润最大化。酒店经营者必须在不同时期确定不同的价格水平。从严格意义上讲，应以长期利润最大化作为追求目标，避免盲目调价，相互杀价。另外，客房的需求量还受到除价格以外很多不确定因素的影响，因而对需求量和成本的测算往往还要根据市场影响而变动。实践证明，高房价并不能保证实现利润最大化，而低房价也未必意味着客房利润的减少，只有适当的价位才能实现客房商品利润的最大化。

（二）提高市场占有率

酒店要提高市场占有率，就要增加客房销售量，还要提高其他设施设备的利用率，降低经营成本。就价格因素而言，要达到提高市场占有率的目的，就要采取价格策略。酒店经营者要注意价格策略所带来的不利影响。

（1）低价位并不一定能够增加客源，提高市场占有率。因为客房商品需求量还要受其他诸如政治、经济、交通、季节等多方面因素的影响。

（2）低价位可能有损酒店自身形象和声誉，影响服务质量。不应忽视低价位对管理人员和服务人员的误导，出现“低价位、低水平服务”的现象。

（三）提高竞争力

价格是竞争的有力手段，但具有竞争力的价格可以有不同形式：

（1）与竞争对手同价。在少数卖方市场的情况下，酒店客房商品与竞争对手的客房商品如有明显差别，而且消费者了解本地区产品价格水平，就可以采取跟随行业领头人定价的方法。

（2）高于竞争对手价格。酒店的硬件设施设备水平，包括客房在内的产品以及服务质量等方面，如果超出竞争对手的水平，则可以确定新的、较高的价位。

（3）低于竞争对手价格。在一定条件下，采用低价进入市场，可以很快扩大市场份额，提高市场占有率，达到竞争的目的。

（四）实现预期投资收益率

预期投资收益率是酒店经营方针的最重要指标之一，也是必须考虑的客房定价目标之一。

三、常用的定价方法

酒店业传统的定价方法有随行就市法、千分之一法、客房面积定价法、赫伯特定价法、盈亏平衡定价法、需求差异定价法等，这些定价方法的依据是利润、成本、收入、竞争或需求。

（一）随行就市法

随行就市法就是以同一地区、同档次竞争对手的客房价格作为定价的依据，从而确定酒店客房价格。这是酒店业中一种常见的以竞争为中心的定价方法，一般有两种方法：一是以同等级别酒店的平均价格水平作为定价目标；二是追随“领导型酒店”的价格，以减少风险。

（二）千分之一法

千分之一法亦称建造成本定价法，是根据建筑总成本来制定房价的方法。建造一座酒店的总成本包括两部分，一是指建材、设备、用具等的费用；另一个就是指建造酒店所耗用的技术费用、人工费用等，这二者之和构成总成本。根据建造成本定价法，总成本除以客房总间数，得出平均每间客房所占的建造成本，再除以1000，即得出这个房间的房价。

$$平均房价 = （酒店建筑成本/酒店客房数）\times 1‰$$

这种定价方法非常简单，但是它只考虑了客房的成本因素，而没有考虑客房类型、面积、客房与餐饮、娱乐等其他各种设施设备投资比例的差异以及供求关系、市场竞争等相关因素，因而缺乏科学性和合理性。因此，一般可以用这种方法作为制定房价的出发点，在使用时，酒店管理者还应综合分析这些因素的影响，进行适当调整。

（三）客房面积定价法

客房面积定价法是先通过确定客房预算总收入来计算单位面积的客房应得的收入，然后再确定每间客房应得的收入，从而确定客房价格。假设计划期内客房预算总收入为 y，计划期天数为 n，客房总面积为 M，某间客房面积为 m，预计计划期客房出租率为 r，则：

$$房价=(y/M\cdot n\cdot r)\cdot m$$

这种定价方法主要受客房预算收入的影响，房价制定是否科学合理，主要取决于经营者预算收入的准确度是否符合实际。如果预算收入较高，则客房价格也较高；但如果市场不接受或预算收入偏低，则会给酒店经营和预期利润率带来负面影响。

（四）赫伯特定价法

赫伯特定价法亦称赫伯特公式法，由美国酒店和汽车旅馆协会主席罗伊·赫伯特于 20 世纪 50 年代首创。这种定价方法以目标收益率为定价的出发点，在已确定计划期各项成本费用及酒店利润指标的前提下，通过计算客房部应承担的营业收入指标，最终确定房价。在定价操作过程中，结合国际上普遍采用的统一会计制度，通过参照资产负债表和损益表，反映酒店收支状况，在预测成本支出基础上，再来制定价格。这种定价方法计算的结果比较准确，但需要大量的市场信息和相应的资料。其具体计算步骤有如下几个方面。

（1）估计酒店总投资额。

（2）确定正常情况下的目标收益率，并计算出目标利润额。

目标利润额=总投资额×目标收益率

（3）估计酒店的税金、保险费和折旧。

（4）估计酒店的行政管理、水电消耗及维修保养、营销费用等。

（5）计算酒店经营总收入。

（6）估计酒店各部门的利润（不含客房部）。

（7）计算客房部应获得利润。

（8）估计客房部营业费用。

（9）计算客房部应取得的营业收入。

客房部营业收入=目标利润+酒店管理营业费用−其他部门利润+客房营业费用

（10）确定客房预期销售量。

（11）计算客房平均房价。

平均房价=客房营业收入/（预计额房出租间天数×365×年均客房出租率）

与客房面积定价法相同，赫伯特定价法也是以客房营业收入为依据，只不过客房面积定价法可以具体计算每一种类型客房的房价，而赫伯特定价法只能计算客房的平均房价。与千分之一法相比较，赫伯特定价法更准确、合理，因为赫伯特定价法充分考虑了酒店的利润指标、经营成本和费用以及非客房部的营业收入，把制定房价中的各种相关因素加以综合考虑。但是它也存在一定问题，就是许多因素是估计的，由此推算出的房价也可能不合理。关键在于客房营业收入及有关利润指标是否合理。

（五）盈亏平衡定价法

盈亏平衡定价法指的是酒店在既定的固定成本、平均变动成本和预计客房销售量的条件下，实现销售收入与总成本相等时的房价，也就是酒店收支平衡时的客房价格。

客房价格=每间客房日费用额/（1-税率）

其中，每间客房日费用额包括客房固定费用分摊额与变动费用的部分。客房固定费用日分摊额可以依据不同类型的客房使用面积进行分摊。

每平方米使用面积固定费用=全年客房固定费用总额/（客房总使用面积×年天数×客房出租率）

客房变动费用总额可以按客房间数进行分摊。

每间客房日变动费用=全年客房变动费用总额/（客房数×年天数×出租率）

每间客房日费用额=客房使用面积×每平方米使用面积固定费用+每间客房日变动费用

（六）需求差异定价法

差异定价法是一种新的更有效的方法。差异定价策略就是根据客人不同的需求特征和价格弹性，对客人执行不同的价格标准。这种定价策略采用了一种客人划分标准，这些标准是一些合理的原则和限制性条件。在这种划分标准下，客人就能根据自己的需求、消费方式及愿意接受的价格水平面将自己划分到合适的房价类别中。这些标准一方面使那些对价格比较敏感的客人选择低价，当然他们对客房的选择余地也很小；另一方面那些愿意付高价的客人可以随意地挑选自己所喜爱的房间。这种划分标准的重要作用在于：酒店在向一个细分市场的客人销售打折客房的同时，又能保证另一个细分市场的收入不会减少。

这种定价中有所区别的策略也很容易向客人解释，每种房价都有其合理性。运用房价区分系统，酒店就能对它所有的客房进行收益管理。这种区别定价的缺点是它比其他的定价方法更难管理，要求酒店建立复杂的预订系统和收益管理系统。

使用这种方法对不同的客人采用不同的价格标准，这样不仅能获得更多的收入，而且能使更多的客人满意。这种观念是许多行业确定价格的基础，关键是要确定那些将“愿意并且能够消费得起的客人”和“为了使价格低一点而愿意改变自己消费方式的客人”区分开的标准，并据此制定有效的细分策略（如航空公司只对周末愿意在目的地停留的客人提供优惠机票就是一种有效的方法）。

酒店客人至少可以分为两类：即商务旅游者和休闲度假旅游者。这两类客人的目的要求很多，且各不相同，根据这些客人的消费特点，又可以将这些客人重新组合。任何一位客人的购买决策都是在不同的条件（不同的时间、地点和目的）下做出的。充分利用客人的这些消费特点，力图通过创新的房价和一揽子服务，增加来自价格弹性高的细分市场（即休闲度假旅游者所在的市场）的收入，同时确保来自价格弹性较低的细分市场的收入不至于减少。

通过采用划分标准和其他的限制性房价政策，酒店可以尽可能地增加在目标市场的营业收入，同时避免来自高价细分市场的收入减少。航空公司采用的“周末逗留”要求就是一个极好的划分标准。这种标准将休闲旅游者（一般愿意在周末逗留）和商务旅游者（一般不愿在周末逗留，希望办完事就走）成功地区分开来。其限制条件不能太苛刻，否则会阻碍目标群体的购买，但同时又不能太宽松，不然会让属于其他细分市场的客人享受到不应该享受的优惠。

差异化定价策略可以有效地提高酒店的收入水平。但是无论酒店如何制定价格，绝对不可忽视的一个因素，就是竞争对手的价格水平。特别是现在由于网络的发展，客人可以通过网络方便地了解所有酒店的报价并从中选择最合理的价格。这一点对于那些在地理位置或者星级标准方面缺乏垄断优势的酒店就更为重要。

需要注意的是，客房价格制定后，在实际经营过程中，应保持相对的稳定性。但随着市场环境的变化，酒店还应及时进行调整，以保证客房利润目标的实现。同时，酒店还要认识到，房价的调整（调低或调高）可能会影响到客房销售工作，引起客人和竞争对手的各种反应。因此，酒店应密切注意市场动态，充分考虑各种可能，做好应对准备工作，使房价的调整能够真正达到预期目标。

【任务实施】

学生互相讨论，制定一份酒店客房定价总结报告。

【任务评价】

<table>
<tr><th>序号</th><th colspan="2">考核内容</th><th colspan="2">考核要点</th><th>应得分</th><th>自评分</th><th>互评分</th><th>教师评分</th></tr>
<tr><td>1</td><td colspan="2">影响客房定价的因素</td><td colspan="2">掌握影响客房定价的因素</td><td>20</td><td></td><td></td><td></td></tr>
<tr><td>2</td><td colspan="2">客房定价目标</td><td colspan="2">掌握客房定价目标</td><td>30</td><td></td><td></td><td></td></tr>
<tr><td>3</td><td colspan="2">常用的定价方法</td><td colspan="2">能够熟练运用客房定价方法解决定价问题</td><td>50</td><td></td><td></td><td></td></tr>
<tr><td colspan="5">总分</td><td>100</td><td></td><td></td><td></td></tr>
<tr><td colspan="2">小组自评</td><td colspan="7"></td></tr>
<tr><td colspan="2">小组互评</td><td colspan="7"></td></tr>
<tr><td colspan="2">教师评价</td><td colspan="7"></td></tr>
<tr><td rowspan="2">小组成员个人得分</td><td>姓名</td><td colspan="2"></td><td colspan="2"></td><td colspan="2"></td><td></td></tr>
<tr><td>得分</td><td colspan="2"></td><td colspan="2"></td><td colspan="2"></td><td></td></tr>
<tr><td colspan="2">说明</td><td colspan="7">小组任务得分＝小组自评＊20%+小组互评＊40%+教师评价＊40%。
小组成员个人得分由小组长和教师根据个人任务完成中的工作情况分配分数</td></tr>
</table>

案例阅读

正值秋日旅游旺季，有两位外籍专家出现在上海某大宾馆的总台。当总台服务员小刘查阅了订房登记簿之后，简单化地向宾客说：“客房已定了 708 号房间，你们只住一天就走吧。”宾客们听了以后就很不高兴地说：“接待我们的工厂有关人员答应为我们联系预订客房时，曾问过我们住几天，我们说打算住三天，怎么会变成一天了呢？”小刘机械呆板地用没有丝毫变通的语气说：“我们没有错，你们有意见可以向厂方人员提。”宾客此时更加生气了：“我们要解决住宿问题，根本没有兴趣也没有必要去追究预订客房的差错问题。”正当形成僵局之际，前厅值班经理闻声而来，首先向宾客表明他是代表宾馆总经理来听取宾客意见的，他先让宾客慢慢地把意见说完，然后以抱歉的口吻说：你们所提的意见是对的，眼下追究接待单位的责任看来不是主要的。这几天正当旅游旺季，双人间客房连日客满，我想为你们安排一处套房，请你们明后天继续在我们宾馆做客，房金虽然要高一些，但设备条件还是不错的，我们可以给你们九折优惠。宾客们觉得值班经理的表现还是诚恳、符合实际的，于是应允照办了。

过了没几天，住在该宾馆的另一位外籍散客要去南京办几天事，然后仍旧要回上海出境归国。在离店时要求保留房间。总台的另外一位服务员小吴在回答宾客时也不够有策略，小吴的话是：“宾客要求保留房间，过去没有先例可循，这几天住房紧张，您就是自付几天房金而不来住，我们也无法满足你的要求！”宾客碰壁以后很不高兴地准备离店，此时值班经理闻声前来对宾客说：“我理解您的心情，我们无时无刻不在希望您能重返我宾馆做客。我看您把房间退掉，过几天您回上海后先打个电话给我，我一定优先照顾您入住我们宾馆，否则我也一定答应为您设法改住他处。”

数日后宾客回上海，得知值班经理替他安排了一间楼房和方向比原先还要好的客房。当他进入客房时，看见特意为他摆放的鲜花，不由地翘起了拇指。

案例反思：

案例中，两位服务员由于不了解定价策略，服务态度欠佳影响了客人的情绪。值班经理通过与客人耐心沟通，提供了妥善的解决方案，挽回了酒店的声誉。

【前厅英语】

Pricing Policy 定价政策

How much are your standard rooms? 你们标准客房的价格是多少？

How long will you be staying here? 请问您将在这儿住多久？

May I know your arrival and departure dates? 请问您的到店和离店日期？

I'm sorry to say all the rooms are booked up during the period. 很抱歉，在这（您要房）期间所有的房间都订满了。

We can either put you on the waiting list or find you a room in a nearby hotel. 我们可以把您列入候房名单，也可以把您安排在附近宾馆。

课后作业

一、填空题

1. ________是指导客房商品定价的首要因素。

2. ________是制定客房价格最基本的目标。

3. 定价方法的依据是________、________、收入、竞争或需求。

4. ________就是以同一地区、同档次竞争对手的客房价格作为定价的依据，从而确定酒店客房价格。

5. ________策略是根据客人不同的需求特征和价格弹性，对客人执行不同的价格标准。

二、判断题

1. 一般来说，新的房价应略低于同档次其他酒店的房价，这样的房价才具有竞争力，所以定的房价越低越好。（ ）

2. 有些客人会把到某一价格较高的酒店住宿看成是表明自己身份和地位的象征，所以酒店的房价定得越高越好。（ ）

3. 旅游业的季节性直接影响到酒店经营的季节性。（ ）

4. 随行就市法亦称建造成本定价法，是根据建筑总成本来制定房价的方法。（ ）

5. 无论酒店如何制定价格，都不可忽视竞争对手的价格水平。（ ）

三、问答题

1. 影响客房定价的因素有哪些？

2. 简述常用的客房定价方法。

任务三 客房销售程序

【任务情境】

正值旅游旺季，酒店里来了两名前来旅游的客人，由于未提前预订客房，酒店的标准间已经售罄。于是拉拉便向客人推荐了临街的豪华客房，既能欣赏城市夜景，又能舒适住宿，以更充沛的精力继续接下来的旅程。

【任务工单】

<table>
<tr><td>任务名称</td><td colspan="3">客房销售程序</td></tr>
<tr><td>班级</td><td></td><td>所属小组</td><td>第______小组</td></tr>
<tr><td>工作任务</td><td colspan="3">通过参加培训，拉拉意识到了客房销售的重要性。为了提升酒店客房开房率，锻炼员工销售客房的工作能力，酒店决定组织客房销售情景模拟演练</td></tr>
<tr><td>任务目的</td><td colspan="3">掌握客房销售程序；能够顺利为客人提供客房销售服务</td></tr>
<tr><td>任务实施要求</td><td colspan="3">（1）明确客房销售程序；
（2）小组成员共同完成任务；
（3）各个小组积极讨论客房销售程序的有关内容，并进行小组客房销售程情景模拟</td></tr>
<tr><td>任务实施步骤</td><td colspan="3">（1）小组成员分工；
（2）查阅资料，掌握客房销售程序的有关内容；
（3）小组排练，模拟客房销售程序工作情境；
（4）制作汇报 PPT；
（5）课堂汇报，小组互评；
（6）教师点评、总结</td></tr>
<tr><td>任务成果形式</td><td colspan="3">客房销售程序情景模拟</td></tr>
</table>

《知 识 准 备》

为了增加客房销售的收入，前台员工不应该仅是接受客人订单或只限于为客人安排住房的服务员，他们必须成为真正的销售人员。在工作中，前台员工要扮演销售人员的角色。在登记程序中穿插这些步骤，保证快速地登记。在这些步骤中，前台员工经常有机会去做个人销售陈述。酒店要培训员工能通过前台的销售技巧特别是上销技巧，从本质上来提升房间收入。

上销是订房部和前台让客人信服租赁标准房房价之上的高档客房，酒店通常基于一些因素，如房间装潢、面积大小、房间位置、景色、家具等差异在价格上划分级别。客房销售可分为以下五个步骤。

一、掌握客人特点

酒店客人（图 3.5）年龄、性别、职业、国籍、住店目的等各有不同，前厅服务员可掌握客人的特点灵活推销。例如，商务客人是公费出差，日程安排紧，可以推销安静的、有办公桌，便于会客、价格高的客房，并在一些服务项目上给予免费或优惠；可向旅游客人推荐景色优美的客房；新婚夫妇、社会名流、高薪阶层人士可推荐套房；向携子女的父母推荐连通房、相邻房；向老年人推荐靠电梯、餐厅的客房等。

图 3.5　酒店客人

二、介绍酒店产品

多数客人在旅行中会随身带有一笔随时可动用的钱。前厅服务员在了解酒店的销售政策及价格变动情况下，除向客人介绍客房的种类、位置、形状、朝向、面积、色彩、装潢、家具等，介绍的内容还可包括会议、宴请、餐厅、酒吧、茶座、商务中心、洗衣、理发、游泳、康乐、商场、停车场等设施及服务（图 3.6），酒店内举办的娱乐活动和当地举办的各种节日活动以及接受的付款方式。服务员在做介绍时用正面说法，不做不利方面的比较。具有特色的酒店服务也是可供推销的商品，同时前厅服务还应对竞争对手酒店的情况十分了解，帮客人做出选择。

图 3.6 酒店产品

三、巧妙地商谈价格

在与客人商谈价格时应使客人感到酒店销售的产品是物有所值。因此，在销售过程中着重推销的是客房的价值而不是价格。可根据客房的特点，在客房前面加上恰如其分的形容词，如湖景房、海景房（图 3.7）、中式套房、西式套房等。

图 3.7 海景房

除了介绍客房自然特点，还应强调客房对客人的好处。在商谈房价的过程中前厅服务员的责任是引导客人，帮助客人进行选择。在向客人报房价时，可根据客人的特点报两种或三种不同价格供选择，报价由高到低。对客人的选择要表示赞同。客人在选择价格中会表现出计较或犹豫不决，服务员可用提问的方式了解客人的特点与喜好，分析他们的心理，耐心地、有针对性地介绍，消除客人的疑虑，并运用销售技巧帮客人做出选择。在推销过程中要把客人的利益放在第一位，宁可销售价格较低的客房，使客人满意，也不要让客人感到他们是在被迫的情况下接受高价客房。

四、主动带客人参观

客人在选择客房中表现犹豫时，可建议带参观客房（图 3.8），带客参观中要自始至终表现出有信心、有效率、有礼貌，即使客人不住，也要对客人的光临表示感谢并欢迎再次光临。

图 3.8　主动带客人参观客房

五、尽快做出安排

客人在参观中对客房感兴趣的话，应用提问的方式促使客人做出选择。一旦客人做出选择，应对客人的选择表示赞赏与感谢，并为客人立即办理入住登记手续，缩短客人的等候时间。

【任务实施】

学生分组讨论客房销售程序相关知识，并进行客房销售情景模拟。

【任务评价】

<table>
<tr><th>序号</th><th colspan="2">考核内容</th><th>考核要点</th><th>应得分</th><th>自评分</th><th>互评分</th><th>教师评分</th></tr>
<tr><td>1</td><td colspan="2">客房销售程序</td><td>掌握客房销售步骤</td><td>40</td><td></td><td></td><td></td></tr>
<tr><td>2</td><td colspan="2">客房销售情景模拟</td><td>服务规范、流程；语言亲和；服务态度良好</td><td>60</td><td></td><td></td><td></td></tr>
<tr><td colspan="4">总分</td><td>100</td><td></td><td></td><td></td></tr>
<tr><td colspan="3">小组自评</td><td colspan="5"></td></tr>
<tr><td colspan="3">小组互评</td><td colspan="5"></td></tr>
<tr><td colspan="3">教师评价</td><td colspan="5"></td></tr>
<tr><td colspan="2" rowspan="2">小组成员个人得分</td><td>姓名</td><td></td><td></td><td></td><td colspan="2"></td></tr>
<tr><td>得分</td><td></td><td></td><td></td><td colspan="2"></td></tr>
<tr><td colspan="3">说明</td><td colspan="5">小组任务得分＝小组自评×20%+小组互评×40%+教师评价×40%。
小组成员个人得分由小组长和教师根据个人任务完成中的工作情况分配分数</td></tr>
</table>

案例阅读

一天，南京某四星级酒店前厅部预订员小夏接到一位客人从上海打来的电话，想预订每天收费 180 元左右的标准双人客房两间，住店时间 6 天，3 天以后来酒店住。

小夏马上翻阅预订记录，回答客人说 3 天以后酒店要接待一个大型会议的几百名代表，标准间已全部预订完，小夏讲到这里用商量的口吻继续说道："先生，您是否可以推迟 3 天来店？"客人回答说："我们已安排好，还请你给想想办法。"

小夏想了想说："先生，感谢你对我的信任，我很乐意为您效劳，我想，您可否先住 3 天我们酒店的豪华套房，套房是外景房，在房间可眺望紫金山的优美景色，紫金山是南京名胜古迹集中之地，室内有中国传统雕刻的红木家具和古玩瓷器摆饰；套房每天收费也不过 280 元，我想您和您的朋友住了一定会满意。"

小夏讲到这里，等待客人回答，对方似乎犹豫不决，小夏又说："先生，我想您不会单纯计较房价的高低，而是在考虑豪华套房是否物有所值吧。请告诉我，您和您的朋友乘哪次列车来南京，我们将派车去接你们，到店后，我一定先陪你们参观套房，到时您再做决定好吗？我们还可以免费为您提供早餐，我们的服务也是上乘的。"客人听小夏这样讲，倒觉得还不错，想了想欣然同意先预订 3 天豪华套房。

案例反思：

在销售过程中，小夏语言亲切、自然诚恳、善解人意、反应灵活，运用了心理学知识，提供了针对性服务，同时办事效率高，体现了良好的思想素质和优秀的业务素养。

【前厅英语】

Late Check-out 延迟退房

Laundry Service 洗衣服务

Room Type 客房种类

Deluxe Suite 豪华套房

What kind of room would you like? We have deluxe suites，suites，double rooms and single rooms. 请问您要什么样的房间？我们有豪华套房、套房、双人房和单人房。

Hold my room for me，please. I'm staying an extra day. 请帮我保留房间，我要多待一天。

课后作业

一、填空题

1. 为了增加客房销售的收入，前台员工必须成为真正的__________。

2. 前台的销售技巧特别是__________，可以提升房间收入。

3. 掌握客人特点包括客人的__________、__________、__________、国籍、住店目的等。

4. 安静的、有办公桌、便于会客、价格高的客房的推荐对象一般是__________。

5. 在销售过程中着重推销的是客房的__________而不是__________。

二、判断题

1. 商务客人是公费出差，可向他们推荐景色优美的客房。 （　　）

2. 在销售过程中着重推销的是客房的价格而不是价值。 （　　）

3. 在推销过程中要把客人的利益放在第一位。 （　　）

4. 我们可以对携子女的父母推荐连通房、相邻房。 （　　）

5. 向客人介绍客房时，可顺便向客人介绍酒店设施及服务等。 （　　）

三、问答题

1. 简述客房销售程序。

2. 模拟客房销售情境。

任务四 客房销售技巧

【任务情境】

拉拉了解到，网络订房已经成为一种发展趋势，除了一些知名公司以外，社会上还有上百家网络订房公司为社会公众提供订房服务。这一方面为酒店提供了一种预订渠道，增加了酒店的客源；但另一方面，这些公司又开出了非常苛刻的条件，有的甚至提出要2~3折的房价，极大地压低了酒店的利润空间。有些订了房又不来，增加了管理的难度，但如果不接受这些网络中介订房，酒店又少了一个预订渠道，影响了开房率。面对这种情况，拉拉不知道到底应该如何选择……

【任务工单】

任务名称	客房销售技巧		
班级		所属小组	第________小组
工作任务	通过查阅相关资料，拉拉意识到了客房销售技巧的重要性。为了能够更好地销售客房，酒店决定为员工进行客房销售技巧培训，不定期进行客房销售技巧交流会		
任务目的	意识到客房销售技巧的重要性；掌握客房销售技巧，提升销售技能		
任务实施要求	（1）明确客房销售技巧的重要性； （2）小组成员共同完成任务； （3）各个小组积极讨论客房销售技巧的相关内容，并进行客房销售技巧交流会		
任务实施步骤	（1）小组成员分工； （2）查阅资料，掌握客房销售技巧的有关内容； （3）小组排练，举行客房销售技巧交流会； （4）制作汇报 PPT； （5）课堂汇报，小组互评； （6）教师点评、总结		
任务成果形式	客房销售技巧交流会		

《知 识 准 备》

从销售全员性的角度出发，前台接待人员的工作不仅是接受客人预订，为客人安排房间，还要善于推销客房及其他产品，最大程度地提高客房出租率，增加综合销售收入。因此，接待员不仅要熟悉客房销售的要求和服务程序，更要掌握正确的销售方式、方法，也就是要讲究销售的技巧。在熟悉酒店各种产品的基础上，要善于分析客人的消费心理，区分不同类型客人的特点与需求，兼顾酒店和客人双方的利益，恰到好处地宣传、推销酒店的客房及其他产品。

一、把握客人的特点

每家酒店都在千方百计地寻求自己的客源，以实现经营目标。前厅服务人员应着重了解本酒店所寻求的客源有什么特点，酒店能为他们提供什么产品，也就是要把握客人的特点进行销售。要把握客人的特点，必须了解客人的年龄、职业、国籍、身份等，然后针对客人的特点，灵活运用销售政策与技巧。

不同类型的客人有不同的特点，对酒店的服务也就会有不同的要求。例如，商务客人一般是因公出差，对房价不太计较，而且往返酒店的可能性极大。前厅服务人员应根据其特点，向他们推销环境安静舒适、有宽大的写字台、光线明亮、办公设备齐全、便于会客、价格较高的客房或商务套房（图 3.9）。有些酒店还在向商务客人推销的客房房价中包括提供免费的早餐、饮料以及免费洗衣等服务项目。另外，对商务客人而言，他们的工作是不分淡旺季的，前厅服务人员在经营的旺季，应注意为这类客人留有一定数量的房间。若商务客人对酒店的服务感到满意，他们很可能成为酒店的常客；对于度假旅游的客人，应向他们推荐景色优美、价格适中的客房；向度蜜月的新婚夫妇推荐安静、不易受到干扰的大床间；向知名人士、高薪阶层的客人推荐套房；向带孩子的父母推荐连通房或相邻房；向老年客人或行动不便的客人推荐靠近电梯、餐厅的客房等。只有通过细致入微的观察和认真分析，才能抓住客人的心理，使销售工作更具有针对性，为酒店争取更多的客源。

图 3.9　商务套房

二、突出客房商品的价值

在销售客房商品的过程中，接待员要强调客房的使用价值，而不仅仅是价格，因为客人购买的就是客房的价值。但是客房价值的大小是通过价格体现出来的，只有价格与价值相对平衡时，客人才会认为物有所值。客房的价值必须经过服务人员宣传，客人才能理解，从而使客人乐于接受。例如，在与客人洽谈的过程中不能简单地说："一间300元的客房，您要不要?"而应该根据客人及客房的特点，推销时适当地进行描述。例如，刚装修过的、具有民族特色的、能看到美妙景色的、十分安静、豪华舒适的、最大的、在顶层的房间等。除了介绍客房的自然状况特点外，还应该强调客房为客人本身带来的好处。例如，"孩子与您同住一套连通房，您可以不必为他担心""由于这间房间很安静，您可以好好休息，不受干扰""这间客房最适合您了，这将方便您与其他人联系"。

只有证实了客人的特殊需要，才有可能在强调客房的价值时，做到有针对性。前厅服务人员只有通过深入的调查研究，才能发掘出各类型客房的特点。在没有认真地介绍客房前，不要急于报价。下面两个报价的例子可作参考："在六楼有一间最近才装修过的客房，房间面江，很安静，便于您休息，而且离电梯也不远，它的价格是500元。""恰好有一间您所希望的大房间，在这个客房内可以看到美妙的山景，行李员会帮您把一切都安顿好的，这个客房的价格只有300元。"报价后，如有可能，还应介绍可提供的服务项目，例如，"这个房价包括两份早餐、服务费、一杯由酒吧提供的免费饮料"。这种将价格放在所提供的服务项目中的"三明治"式报价方式，能起到减弱价格分量的作用。

在通常情况下，等级越高、质量越好的房间，其价格也就越高。如果把价格与价值比作天平的左右两端，卖方与买方各掌一端，当价格一头砝码重（价格高）的时候，服务人员应充分运用语言艺术，使另一头砝码的分量（价值）加重，使两端保持基本平衡，促成双方成交，这就是"加码技巧"的运用。

总之，要强调客房的价值，回答客人希望了解的关键问题，即付了这个价钱能得到什么，这间房是否值这个价钱。在介绍客房过程中，任何不切实际的夸张或错误的介绍都应坚决避免，因为客人会很快地发现所有不实之处，从而产生上当受骗的感觉。

三、针对性地向客人提供价格选择的范围，给客人进行比较的机会

许多酒店的接待员在向客人介绍客房时，为客人提供一个可选择的价格范围。如果客人没有具体说明需要哪种类型的客房，前厅服务人员可根据客人的特点，有针对性地推荐几种价格不同的房间，以供客人选择。如果只推荐一种客房，就会使客人失去比较的机会。推出的价格范围应考虑到客人的特点，一般来说，由较高价到较低价比较适宜。例如，"靠近湖边，新装修的客房是500元""进出方便、别墅式的客房是400元""环境安静、景色优美、在四楼的客房是300元"。然后问客人："您喜欢哪一种?"

除客人已指定客房的情况外，由高价向低价报，往往能使多数客人选择前几种较高价格的客房。至少，在客人有可能选择最低价格的情况下也会选择中间价格，因为人们往往避免走极端。由高价向低价报，还可以使服务人员在觉察到客人认为价格太高的情况下，有推出较低价格的余地。在口头推销中，向客人推荐的价格以两种为宜，最多不能超过三种，因为价格种类太多，客人不易记住。

在洽谈房价的过程中，前厅服务人员的责任是引导客人、帮助客人进行选择，而不应硬性推销，以致得不偿失。客人可能会因不喜欢某类客房或价格过高而找托词，前厅服务

人员不要坚持为自己的观点辩护，更不能贬低客人的意见，对客人的选择要表示赞同与支持，要使客人感到自己的选择是正确的，即使他选择了一间最便宜的客房。

四、坚持正面的介绍以引导客人

前厅服务人员在向客人介绍客房时，应坚持采用正面的说法，要着重介绍各类客房的特点、优势以及给客人带来的方便和好处，不要做不利的比较。例如，酒店只剩下一间客房时应该说："您运气真好，我们恰好还有一间漂亮的标准间。"不能说："很不幸，这是最后一间房间了。"应该问："您在这里住多久？"而不应该问："是不是只住一晚？"在销售客房的过程中，要把客人的利益放在第一位，以不影响客人的利益为前提，宁可销售价格较低的客房，使客人满意。如果客人感到他们是在被迫的情况下才接受高价客房的，那么虽然这次得到了较多的收入，但却失去了今后可能得到的更多收入，只有满意的客人才会成为回头客。

五、采用适当的报价方式

为了搞好总台销售工作，总台接待员必须了解自己酒店所销售的产品和服务的特点及其销售对象。其中，掌握对客报价方法和推销技巧是做好销售工作的重要前提。所以，不断地研究总结和运用这些方法和技巧，已成为销售工作取胜的一个重要环节。对客报价是酒店为扩大自身产品的销售，运用口头描述技艺，引起客人的购买欲望，借以扩大销售的一种推销方法，其中包含着推销技巧、语言艺术、职业品德等内容。在实际推销工作中，非常讲究报价的针对性，只有适时采取不同的报价方法，才能达到销售的最佳效果。掌握报价方法，是搞好推销工作的一项基本功，以下是酒店常见的几种报价方法。

（一）高低趋向报价

这是针对讲究身份、地位的客人设计的，以期最大限度地提高客房的利润率。这种报价法首先向客人报明酒店的最高房价，让客人了解酒店所提供房间高房价及与其相配的环境和设施，在客人对此不感兴趣时再转向销售较低价格的客房。接待员要善于运用语言技巧说动客人，高价伴随的高级享受，促使客人做出购买决策。当然，报价应相对合理，不宜过高。

（二）低高趋向报价

这种报价法可以吸引那些对房间价格做过比较的客人，能够为酒店带来广阔的客源市场，有利于发挥酒店的竞争优势。

（三）交叉排列报价法

这种报价法是将酒店所有现行价格按一定排列顺序提供给客人，即先报最低价格，再报最高价格，最后报中间价格，让客人有选择适中价格的机会。这样，酒店既坚持了明码标价，又维护了商业道德，既方便客人在整个房价体系中自由选择，又增加了酒店出租高价客房、获得更多收益的机会。

（四）选择性报价

采用此类报价法要求总台接待人员善于辨别客人的支付能力，能客观地按照客人的兴趣和需要，选择提供适当的房价范围。一般报价不能超过两种，以体现报价的准确性，避免选择报价时犹豫不决。

（五）利益引诱报价

这是一种对已预订一般房间的客人，采取给予一定附加利益的方法，使他们放弃原预订客房，转向购买高一档次价格的客房。

（六）“冲击式”报价

先报出房间价格，再介绍客房所提供的服务设施和服务项目等。这种方式比较适合推销价格较低的房间，以低价打动客人。

（七）“鱼尾式”报价

先介绍客房所提供的服务设施和服务项目及特点，最后报出房价，突出客房物有所值，以减弱价格对客人的影响。这种方式比较适合推销中档客房。

（八）“三明治式”报价

又称“夹心式”报价。此类报价是将价格置于所提供的服务项目中，以减弱直观价格的分量，增加客人购买的可能性。此类报价一般由总台接待人员用口头语言进行描述性报价，强调提供的服务项目是适合于客人的，但不能太多，要恰如其分。这种方式比较适合推销中、高档客房，可以针对消费水平高、有一定地位和声望的客人。

（九）灵活报价

灵活报价是根据酒店的现行价格和规定的价格浮动幅度，将价格灵活地报给客人的一种方法。此报价一般是由酒店的主管部门规定，根据酒店的具体实际情况，在一定价格范围内适当浮动，灵活报价，调节客人的需求，使客房出租率和经济效益达到理想水平。

综上所述，尽管接待员的开价方法很多，有些方法甚至相互对立，然而在酒店的经营实际中，由高至低开价法仍然是较科学而实用的。无论是提供选择余地、先推销高价客房，还是报明所有房价、再推销高价客房，都应遵循由高至低开价的原则。我国大多数酒店都属于明码标价，在此基础上必须坚持从高到低推销客房的方法，才能使高价或较高价客房首先出租。推销客房需要大量的思考与实践，接待员应该在开房时注意观察客人的心理活动和反应，通过热诚的态度、对客房艺术性的语言描述和适当的报价技巧，才能顺利完成推销高价客房的任务。

六、注意推销酒店其他产品

在销售客房的同时，不应忽视酒店其他服务设施和服务项目的推销（图 3.10），要使客人感到酒店产品的综合性和整体性。前厅服务人员销售酒店的其他服务设施和服务项目时，应注意时间与场合。如客人在傍晚抵店，可以向客人介绍酒店餐厅的特色，还可以向客人介绍酒店内的娱乐活动；如客人深夜抵店，可以向客人介绍 24 小时咖啡厅服务或房内用餐服务；如经过通宵旅行，客人清晨抵店，很可能需要洗衣及熨烫外套，这时可向客人介绍酒店的洗衣服务。接待人员的推销如能迎合客人的需求，客人不仅会乐于接受，而且会对此心存感激。酒店的设施和服务项目，如果不向客人宣传，就有可能长期无人使用，因为客人不知道还有这些设施和服务项目。其结果是，客人感到不方便，酒店也因此损失了销售机会而影响了营业收入。因此，前厅服务人员要细心地了解客人的需求，主动向客人销售酒店的其他服务设施与服务项目，以增加酒店的营业收入。

图 3.10　酒店服务设施和服务项目

七、特殊情况下的销售技巧

（一）对“优柔寡断”客人的销售技巧

有些客人，尤其是初次住店的客人，可能在听完接待员对客房的介绍后，仍然不能做出决定。在这种情况下，接待员应对他们倍加关注与耐心，认真分析客人的需求心理，设法消除客人的各种疑虑，任何忽视、冷淡与不耐烦的表现都将导致客房销售工作的失败。在与犹豫不决的客人洽谈时，前厅服务人员应注意观察客人的表情，设法理解客人的意图。可以用提问的方式了解客人的特点及喜好，然后有针对性地向客人介绍各类客房的优点，也可以运用语言和行动促使客人下决心。例如，递上住宿登记表时说：“这样吧，您先登记一下……”或者“要不您先住下，如果您不满意，明天再给您调换房间”等。如果客人仍然保持沉默或者犹豫不决，可以建议客人在服务人员的陪同下，实地参观几种类型的客房，使客人增强对房间的感性认识。如果使用的方法恰当，这部分客人有可能成为酒店的常客。

（1）了解动机（度假、观光、娱乐），针对不同情况，灵活机动地开展销售工作。

（2）要在推销的同时介绍酒店周围的环境，增加感染力。

（3）熟悉酒店的各项服务内容，附加的小利益往往起到较好的促销作用。

（4）需要多一些耐心和多一番努力。

（二）对“价格敏感”客人的销售技巧

（1）总台员工在报价时一定要注意积极描述住宿条件。

（2）提供给客人一个选择价格的范围，要运用灵活的语言描述高价房的设施优点。

（3）描述不同类型的客房时，要对客人解释说明客房特征和设施特点。

（4）熟悉本酒店所提供特殊价格政策，认真了解价格敏感型客人的背景和要求，采取不同的销售手段，给予相应的折扣，争取客人住店。

（三）工作繁忙时的销售

由于团队客人和外地客人的到店时间比较集中，往往会出现客人排长队的现象，客人会表现出不耐烦。这时就需要总台员工做到以下几个方面。

（1）做好接待高峰前的接待准备工作，了解会议及团队到店时间，以减少客人办理入住手续的等候时间，同时也应注意房况，确保无误。

（2）入住高峰时，要确保手头有足够的登记所需的文具用品，保证工作有序完成。

（3）入住高峰，可选派专人指引，帮助客人办理入住登记，以缩短客人的等候时间。

（4）按“先到先服务”原则，认真接待好每一位客人，做到忙而不乱。

【任务实施】

学生互相讨论，举办一场客房销售技巧交流会。

【任务评价】

<table>
<tr><th>序号</th><th>考核内容</th><th>考核要点</th><th>应得分</th><th>自评分</th><th>互评分</th><th>教师评分</th></tr>
<tr><td>1</td><td>客房销售技巧</td><td>掌握客房销售的方式方法，达成销售目标</td><td>20</td><td></td><td></td><td></td></tr>
<tr><td>2</td><td>特殊情况下的销售技巧</td><td>能够针对不同客人进行客房销售，达成销售目标</td><td>30</td><td></td><td></td><td></td></tr>
<tr><td>3</td><td>客房销售技巧交流会</td><td>内容规范、充实，沟通顺畅</td><td>50</td><td></td><td></td><td></td></tr>
<tr><td colspan="3">总分</td><td>100</td><td></td><td></td><td></td></tr>
<tr><td colspan="2">小组自评</td><td colspan="5"></td></tr>
<tr><td colspan="2">小组互评</td><td colspan="5"></td></tr>
<tr><td colspan="2">教师评价</td><td colspan="5"></td></tr>
<tr><td rowspan="2">小组成员个人得分</td><td>姓名</td><td></td><td></td><td></td><td colspan="2"></td></tr>
<tr><td>得分</td><td></td><td></td><td></td><td colspan="2"></td></tr>
<tr><td colspan="2">说明</td><td colspan="5">小组任务得分=小组自评×20%+小组互评×40%+教师评价×40%。
小组成员个人得分由小组长和教师根据个人任务完成中的工作情况分配分数</td></tr>
</table>

案例阅读

某星级宾馆大堂，三三两两的客人在办理退房手续。这时，一位西装笔挺的中年男士快步来到总台前。“陈先生，您好！”总台的接待员热情地与他打招呼。陈先生边点头示意边打电话：“好，我马上给您打个优惠折扣，您放心吧！”陈先生挂了手机，笑着对接待员说：“小李，我的客户顾先生住在你们宾馆1818房，按我的折扣给他打五折，由我来签单！”

总台的小李一听，忙查询电脑，果真1818房的住客姓顾，是昨晚住进来的，客人还说要找人帮他打个较优惠的折扣，没想到他是陈先生的客户。小李看过顾先生的开房单后说：“陈先生，您的客户顾先生是昨晚入住的，当时他就说要找人帮他打折，但我们一直等到零点还没见有人过来或打电话给我们通知要打折，我们已给他打了八折，且已上了一天的房费。”

陈先生一听，忙问：“上了一天的房费？那你能不能把昨天的房费按我的优惠价五折减免？”小李微笑着说：“不好意思，陈先生，房费已上了电脑，我们的房费报表已制好，不能再改了，我们只能从今天开始按您的优惠价给您的客户顾先生打五折，您看行吗？”陈先生一听，马上不高兴地说：“那怎么行，我昨晚已接到顾先生的电话，答应要给他打五折的，可是我一时疏忽把这事给忘了，今天他打电话给我时，我才想起这事。我也是你们的老客户了，你们就通融一下吧。”

小李还是摇摇头说：“对不起，陈先生，我没有这个权限，帮不了您的忙。”陈先生低头想了一下，说：“这样吧，我也不为难你，你就改六折吧？”小李还是摇摇头说不行。那七折总该行了吧？我经常介绍客户或朋友到你宾馆来住宿，这个面子总该给我吧？小李说：“陈先生，对不起，房费已上了报表是不能减免的。”陈先生一听，脸色一沉，冲小李摆摆手，然后拿出手机打电话：“顾先生，您马上来退房，我们不住这儿了，以后再也不来这家宾馆了，对，我再给您联系另外一家宾馆……”

案例反思：

接待员小李在面对陈先生打折要求时不能及时变通，没有与之进行有效沟通，导致失去了陈先生及潜在的客户，造成了不可挽回的后果。

【前厅英语】

Tariff 价目表

Average Room Rate 平均房价

Rack Rate 门市价格

With National Characteristics　具有民族特色的

There was a wonderful view from the window. 从窗户可以看到美妙的景色。

The room rate includes two breakfasts, service charge and a free drink provided by the bar. 这个房价包括两份早餐、服务费、一杯由酒吧提供的免费饮料。

课后作业

一、填空题

1. 在通常情况下，等级越高、质量越好的房间，其价格也就越________。

2. 在口头推销中，向客人推荐的价格以________种为宜，最多不能超过________种。

3. 除客人已指定客房的情况外，一般报价由________向________报。

4. 前厅服务人员在向客人介绍客房时，应坚持采用正面的说法，要着重介绍各类客房的________、________，以及给客人带来的方便和好处。

5. 在销售客房的同时，也应该重视酒店其他服务设施和服务项目的推销，要使客人感到酒店产品的________和________。

二、判断题

1. 接待员不仅要熟悉客房销售的要求和服务程序，更要掌握正确的销售方式、方法。（　）

2. 不同类型的客人有不同的特点，对酒店的服务也就会有不同的要求。（　）

3. 针对商务客人的特点，可向他们推销环境安静舒适、有宽大的写字台、光线明亮、办公设备齐全、便于会客、价格较高的客房或商务套房。（　）

4. 为了销售客房，在为客人介绍客房过程中，可以有超出实际的夸张和渲染的介绍。（　）

5. 在洽谈房价的过程中，前厅服务人员的责任是引导客人、帮助客人进行选择，而不应硬性推销，以致得不偿失。（　）

三、问答题

1. 简述客房销售技巧。

2. 酒店常见的报价方法有哪些？

模块小结

前厅销售是酒店销售的重要环节，也是实现客房收入的重要途径。本模块主要阐述了客房状态控制，探讨了制定房价的影响因素和客房定价方法，介绍了客房销售的程序、客房销售的技巧等。客房价格管理是酒店经营管理的重要工作。房价合理与否，直接影响到酒店的市场竞争能力、经济收入和利润水平。在客房商品经营中，前厅部要充分利用各种统计信息进行分析研究，为酒店的经营决策提供依据。

模块练习

一、填空题

1. ________，是做好客房销售工作以及提高接待服务水平的前提。

2. ________指一种内部掌握的客房，是酒店为接待一些会议、团队或重要客人而提前预留的房间。

3. ________是指将酒店每一间客房所处的状态、类型、住客状态等，随时、全面、准确地显示出来的一项基础管理工作。

4. ________是指导客房商品定价的首要因素。

5. ________是制定客房价格最基本的目标。

二、不定项选择题

1. 影响客房定价的因素包括（　　）。

A. 定价目标　　B. 成本水平
C. 供求关系　　D. 竞争对手的价格

2. 客房销售程序包括（　　）。

A. 掌握客人特点　　B. 介绍酒店产品
C. 巧妙地商谈价格　　D. 主动带客人参观

3. 控制房态的表格主要有（　　）。

A. 客房状态表　　B. 客房状态调整表
C. 客房状态控制表　　D. 客房状态差异表

4. 对于前来度蜜月的新婚夫妇，你可以为他们推荐什么样的客房？（　　）

A. 套房　　B. 景色优美的大床房
C. 连通房　　D. 靠近电梯的客房

5. 对于因公出差的商务客人，你可以为他们推荐什么样的客房？（　　）

A. 套房　　B. 靠近餐厅的客房
C. 连通房　　D. 靠近电梯的客房

三、简答题

1. 什么是双锁房？
2. 客房状态的显示方式有哪几种？
3. 常用的定价方法有哪些？
4. 影响客房定价的因素有哪些？
5. 客房销售的步骤是什么？

四、案例分析题

一天，某酒店总台来了一位自称是总经理朋友的客人，要求总台接待员小陈给他一间特价房，可是按照酒店的规定，没有批示，服务员就没有给特价房的权利。由于小陈没有接到通知，所以没有立即接受客人的要求，同时因为未确认该客人的身份，也没有贸然拒绝。可是客人已经不高兴了，说连总经理的朋友也不买账，一定会到总经理那里投诉她。

于是，小陈首先向客人表示歉意，可能是同事忘记通知她了，并请客人先到大厅休息一下，她这就与总经理联系，并给客人递上了一杯茶和一份当日的报纸。然后，小陈马上与前厅经理取得了联系，询问此事的处理办法，前厅经理在与总经理联系后，总经理告知只是一个有一面之交的朋友，给一个优惠价就可以了。

小陈得到指示后，请客人来到总台，首先对让客人久等表示歉意，然后告诉客人，由于没有接到通知，同时与总经理又联系不上，自己没有给客人特价房的权利，但是考虑到客人是总经理的朋友，可以特别给予一个优惠价，客人听后欣然同意。

问题：

小陈的做法有哪些值得我们借鉴？

模块四 晋升管理层

◎思政导读

前厅部是酒店的信息枢纽和中心，是客人与酒店管理部门之间联系的纽带，在很大程度上控制和协调着整个酒店的经营活动。酒店对客服务是整体性的，并非靠某一部门、班组或某一个人的努力就可以获得成功。因此，各部门之间的工作联系、信息沟通、团结协作就显得尤为重要。各部门之间沟通的成功与失败，将直接影响到酒店运行与管理的成功与失败，影响到对客服务的质量。因此，前厅部各级管理人员应了解自己肩负的责任，要树立整体意识和团队精神，明确信息沟通的重要性。

知识导图

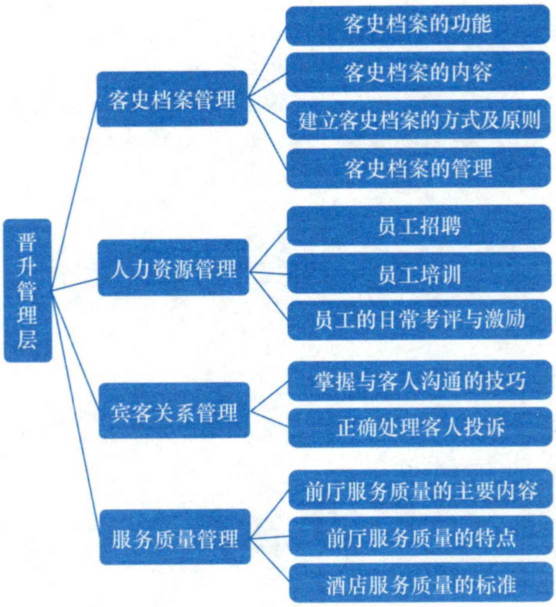

学习目标

知识目标

1. 了解客史档案的功能及内容。
2. 掌握建立客史档案的方式及原则。
3. 了解前厅服务质量的主要内容及特点。

技能目标

1. 能够做好客史档案的管理工作。
2. 能够进行员工日常考评与激励。
3. 能够正确处理客人投诉。

思政目标

1. 培养学生爱岗敬业的职业素养。
2. 能自觉应用所学岗位素质要求来规范自身学习、工作和日常生活习惯。

任务一 客史档案管理

【任务情境】

一位客人到达X市后，拉拉代表酒店前来迎接。一见面，拉拉就说："X先生，您好！要是我没记错的话，您有一年多没来我们酒店了，是不是我们的服务不好，什么地方得罪了您？"他赶紧说："不，不，酒店很好，主要是这段时间在X市没有业务，来X市肯定住你们酒店！"

到达酒店以后，从门童到总台接待员，再到客房服务员，见到他都像见到老朋友一样，第一句话都是："X先生，您好！"这一切都令这位客人既惊奇又感动。他想：他们怎么都知道我的姓名呢？我多长时间没来酒店他们都知道，但不管怎么说，这一点真令人感到高兴，就像回到家里一样。

【任务工单】

任务名称	客史档案管理		
班级		所属小组	第______小组
工作任务	为了吸引更多的回头客，在服务中提供更全面、周到、快捷、细致和个性化的服务，以提高服务的主动性，最大程度地方便客人，满足客人的多方位需求，从而提高酒店服务质量水平，增加酒店效益，拉拉决定完善酒店客史档案		
任务目的	掌握客史档案的功能、内容、方式及原则；能够正确流畅地进行客史档案管理		

续表

任务名称	客史档案管理
任务实施要求	(1) 明确客史档案管理的内容; (2) 小组成员共同完成任务; (3) 分小组采访星级酒店的前厅经理，请他说说建立客史档案的重要性，然后谈谈小组成员的收获
任务实施步骤	(1) 小组成员分工; (2) 查阅资料，掌握客史档案管理工作的有关内容; (3) 小组讨论，谈谈自己对于客史档案管理的看法; (4) 制作汇报 PPT; (5) 课堂汇报，小组互评; (6) 教师点评、总结
任务成果形式	通过参观了解，撰写一篇有关酒店客史档案管理的感想

《知 识 准 备》

客史档案是酒店宝贵的资源和财富，通过客史档案，酒店能够更为准确地了解市场动向和特点，把握自身客源结构、消费构成以及顾客对酒店服务产品的要求、意见等情况，适应变化的趋势，制定正确的决策，实现提高产品针对性，增强顾客满意度，更为稳固地占有市场、拓展市场的目的。

世界著名酒店里兹·卡尔顿的霍斯特·舒尔茨说："服务的最高境界就是要做到使客人有'家的感觉'，酒店服务是人的服务。"这就需要我们尽可能地了解客人的喜好并加以记录，充实到客史档案里，并培养出能充分洞察客人心理的优秀服务员，以保证个性化服务的水平。

所以，建立客史档案仅仅是客户管理的第一步，我们还应该学会科学管理客史档案，从"知彼"做到举一反三，留住老客户，挖掘新客户。

一、客史档案的功能

(一) 有利于增强酒店的创新能力

酒店行业是服务型行业，所提供的产品必须适应自身客源市场不断变化的消费需求。通过客史档案的管理和应用，酒店能够及时掌握顾客消费需求的变化，适时地调整服务项目，不断推陈出新，确保持续不断地向市场提供有针对性、有吸引力的新产品，满足顾客求新、求奇、求特色的消费需要（图 4.1）。酒店产品体系的创新是酒店生命力所在，而客史档案的科学建立和运用是提升酒店创新能力的基础。

图 4.1 特色房间

（二）有利于提升酒店的服务品质

客史档案是酒店客户关系管理系统和客户忠诚系统的组合平台。一方面客户关系管理系统的作用就在于通过对客户信息的深入分析，全面了解客户的爱好和个性化需要，开发出“量身定制”的产品（图 4.2），大大提高客人的满意度；另一方面，客户忠诚系统的作用则体现在通过个性化服务和一系列酒店与客户间“一对一”的情感沟通，客户对酒店会产生信任感，会认为在这里消费比其他地方更可靠，更安全，更有尊严感，顾客满意将升华为顾客忠诚，酒店服务的品质会得到客户的进一步认同。

图 4.2 定制房间

（三）有利于提高酒店的经济效益

客史档案的科学运用将有助于酒店培养一大批忠诚顾客。一方面可以降低酒店开拓新市场的压力和投入；另一方面忠诚客户对酒店产品、服务环境熟悉，具有信任感，因此，他们的综合消费支出也就相应比新客户更高。客户忠诚度越高，保持忠诚的时间越长，酒店的效益也就越好。

（四）有利于提高酒店的工作效率

客史档案为酒店的经营决策和服务提供了翔实的基础材料，使得酒店的经营活动能够有的放矢，避免了许多不必要的时间、精力、资金的浪费。由于熟悉客户的消费情况，员工的服务准备更为轻松。良好客户关系的建立，也有助于酒店工作氛围的改善，员工的工作热情主动精神将得到有效的发挥，酒店整体的工作效率也将极大地提高。

（五）有利于塑造酒店的显性品牌

口碑效应是酒店品牌塑造的关键因素，忠诚客户一个显著的特点是会向同事、亲戚、朋友推荐酒店，义务宣传酒店的产品和优点，为酒店树立良好的口碑，带来新的客源。根据客史档案划分培育忠诚客户，可以为酒店创造更为重要的边际效应。

二、客史档案的内容

客史档案应包括以下几方面的内容。

（一）常规档案

客户的常规档案包括单位客户档案和散客档案。单位客户档案主要有双方协议签订时所提供的单位的名称、性质、经营内容、地址、负责人姓名、联系人姓名、联系方式、主要消费需求、认定的房价、消费折扣率、付款方式等信息。散客档案则是指客人在办理预订和入住登记时所留下的第一手资料，主要包括客人的姓名、性别、出生日期、所属单位、常住地、有效身份证件类别、号码、联系方式、到达原因、入住房价、入住时间、付款方式等要素。

（二）预订档案

预订档案包括客人的订房方式、介绍人、订房的季节、月份和日期及订房的类型等，掌握这些资料有助于酒店选择销售渠道，做好促销工作。

（三）消费档案

消费档案包括报价类别，客人租用的房间、支付的房价，餐费以及在商品、娱乐等其他项目上的消费；客人的信用、账号；喜欢何种房间和酒店的哪些设施等。通过这些，可以了解客人的消费水平、支付能力及消费倾向、信用情况等。

（四）习俗、爱好档案

习俗、爱好档案是客史档案中最重要的内容，包括客人旅行的目的、爱好、生活习惯；宗教信仰和禁忌；住店期间要求的额外服务。了解这些资料，有助于为客人提供有针对性的个性化服务。

（五）反馈意见档案

反馈意见档案包括客人在住店期间的意见、建议；表扬和赞誉；投诉及处理结果等。

三、建立客史档案的方式及原则

（一）建立客史档案的方式

1. 建立客史档案的方式

建立客史档案最常见的方式有以下三种。

（1）登记单。登记单是将客人住宿登记单的最后一联作为客史档案资料。由于要做成卡存放，登记单最后一联的纸应予以特殊考虑。通常其最后一联是硬纸卡，反面还应印上每次客史记载的项目。这种方式比较简单易行，但编目保存较困难，而且记载的信息量不大。中、小型手工操作的酒店多采用这一方式。

（2）一般客史档案卡。一般客史档案卡是用专门印上各项须填写的客史内容，并按字母顺序编号的正规档案卡做成的客史档案卡。可以根据管理上的规定，将卡片印制成各种颜色，代表不同的内容和含义，预订人员查找起来比较方便，建档编目亦比较正规适用，但作业量大。

（3）电子客史档案卡。电子客史档案卡是在电脑系统中设定客史档案栏目，将客人的各种信息输入贮存，以供随时查阅。该方式操作简便，信息贮存量大，且易于保管。随着电脑的普及，这一方式将成为建立客史档案的主要方式。

计算机建立客史档案的功能主要体现在当客人首次入住酒店，接待员把客人的各种资料输入电脑后，电脑中的建档功能就会自动地为客人建立客史档案。以后，随着客人的消费和再次光临，电脑就会不断记录客人在店时的各种有用信息（如客人的特殊要求、消费金额、住宿次数与时间、信用情况、酒店曾给予的优惠等），作为酒店今后为他提供针对性服务的参考。酒店可以依据客史资料，一方面给不同客人、不同单位以不同的优惠政策，另一方面可以对那些不守信用的客人予以适当处理或追回不必要的损失。

建档功能主要有下列内容：接受预订时可按客人姓名查询有无客史，有客史者在新预订时可直接调用；对客史进行修改和输入新的说明；清除客人的客史；按客人姓名自动累积各次的资料；打印客史细目；修改客人住店细目表；及时打印任何一位客人的客史记录；为总台在接待办理客人入住手续时提示客史。

当然，电脑只是一种工具，它绝不可能代替服务人员的全部劳动。电脑的效能发挥要靠工作人员正确地使用及输入准确的信息，这是前厅电脑管理的基础。

2. 建立客史档案的原则

（1）建立健全客史档案管理制度，确保客史档案工作规范化。

（2）编定编目和索引，卡片存放要严格按照既定顺序。

（3）坚持“一客一档”，以便查找和记录。

(4) 一张卡填满之后以新卡续之，但原卡不能丢弃，应放在新卡的后面，以保持客史内容的连续与完整。

(5) 定期整理。档案是要长久保存的资料，必须定期整理，纠正存放及操作失误，清理作废的卡片，保持客史档案的完备。

四、客史档案的管理

客史档案的管理主要涉及四方面内容：分类存档、运行管理、定期清理和细节管理。

(一) 分类存档

客史档案通常在客人离店后，由接待处输入存档，由预订处分类保管。为了避免客史档案的散失，使其便于管理和使用，应分类存放客史档案。

经过归类整理和存放的客史档案是客史档案有效运行的基础和保证。

(二) 运行管理

建立客史档案的目的之一，是了解客人的需求信息，所以客史档案建立之后不能封闭和闲置起来，应在接待服务中发挥它的作用。

当客人重新预订酒店客房时，预订员可直接调用其以往客史，打印客史档案卡，与订房资料一起存放在其订房资料中，并按时传递给总台接待员。接待员根据客史档案卡提供的需求信息做好接待服务工作。客人离店后，将客人的客史档案再次输入新的内容，重新存放。

在客史档案的运行中，要防止丢失或错用，还要注意收集新的信息资料，使客史档案的内容不断地得到补充。

(三) 定期清理

为了充分发挥客史档案的作用，酒店每年应系统地将客史档案进行1~2次的检查和整理，检查存放顺序有无错误，并整理和删除过期档案。

对于过期档案的处理，各酒店的规定不尽相同。值得借鉴的是，在删除客人档案前，可给客人寄一张“优惠住房卡”，以唤起客人对酒店的美好回忆，做最后一次促销努力。

(四) 细节管理

在客史档案的具体管理业务中，应注意一些细节管理问题。

(1) 首张客史档案卡打印满后，应打印续页，注意两张卡片应装订在一起。

(2) 可采用着色档案卡，以便通过不同的色彩来鉴别客人身份。但着色应与酒店使用的其他卡条色彩示意相同。

(3) 过期档案必须彻底删除，以保护客人的隐私。

【任务实施】

学生去当地酒店参观了解，并撰写一篇有关酒店客史档案管理的感想。

【任务评价】

序号	考核内容	考核要点	应得分	自评分	互评分	教师评分
1	客史档案的功能	掌握客史档案的功能	20			
2	客史档案的内容	了解客史档案的内容	20			
3	建立客史档案的方式及原则	掌握建立客史档案的方式及原则	20			
4	客史档案的管理	能够正确进行客史档案的管理	40			
总分			100			
小组自评						
小组互评						
教师评价						
小组成员个人得分	姓名					
	得分					
说明	小组任务得分=小组自评×20%+小组互评×40%+教师评价×40%。 小组成员个人得分由小组长和教师根据个人任务完成中的工作情况分配分数					

案例阅读

于先生因公务出差到泰国，下榻在东方饭店，由于第一次入住时良好的酒店环境和服务给他留下了深刻的印象，所以他选择第二次入住这里。

入住的第二天早上，当他走出房门准备去餐厅时，楼层服务生恭敬地问道："于先生是要用早餐吗？"于先生很奇怪："你怎么知道我姓于？"服务生说："我们酒店规定，晚上要背熟所有客人的姓名。"这令于先生大吃一惊，因为他频繁旅行于世界各地，入住过无数高级酒店，但这种情况还是第一次碰到。

于先生高兴地乘电梯到餐厅所在的楼层，刚刚走出电梯门，餐厅的服务生并没有看他的房卡，直接说："于先生，里边请。"于先生更加疑惑，说"你也知道我姓于？"服务生答："上面电话刚刚下来，说您已经下楼了。"如此高的效率让于先生再次大吃一惊。

于先生刚进餐厅，服务小姐微笑着说："于先生还是坐老位置吗？"于先生的惊讶再次升级，心想："尽管我不是第一次在这里吃饭，但距离上次也有一年多了，难道这里的服务小姐的记忆力那么好？"看到于先生惊讶的目光，服务小姐主动解释说："我刚刚查过电脑记录资料，您去年 8 月 8 日在靠近第二个窗口的位子用过早餐。"于先生听后兴奋地说："老位子，老位子！"小姐接着问："老菜单，一个三明治，一杯咖啡，一个鸡蛋？"现在于先生已经不再惊讶了，说："就要老菜单！"于先生已经兴奋到了极点，这次早餐给他留下了深刻的印象。

在给于先生上菜时，服务生每次回话都退后两步，以免自己说话时唾沫不小心飞溅到客人的食物上。一顿早餐，就这样给于先生留下了终生难忘的印象。

此后3年多，于先生因业务调整没再去泰国，可是在于先生生日的时候突然收到了一封东方饭店发来的生日贺卡：亲爱的于先生，您已经3年没有来过我们这里了，我们全体人员都非常想念您，希望能再次见到您。今天是您的生日，祝您生日愉快！于先生当时热泪盈眶，激动不已……

案例反思：

东方饭店非常重视培养忠实客户，并且建立了一套完善的客户关系管理体系，使客户入住后可以得到无微不至的人性化服务。在这方面，泰国东方饭店的做法值得很多企业去认真地学习和借鉴。

【前厅英语】

Guest Relation 宾客关系

Guest History 客史档案

Pick-up Service 接车服务

I hope you had a great time with your family in our hotel. 希望您和家人在我们酒店过得愉快。

Are you still in the same seat as last time? 您还坐跟上次一样的位置吗?

Would you like the same sea view room as last time? 您想要跟上次一样的海景房吗?

课后作业

一、填空题

1. 客户的常规档案包括__________和__________。
2. 客人旅行的目的、爱好、生活习惯、宗教信仰和禁忌属于__________。
3. 了解客人的习俗、爱好档案有助于为客人提供有针对性的__________。
4. __________包括客人在住店期间的意见、建议；表扬和赞誉；投诉及处理结果等。
5. 客史档案的内容包括__________、__________、__________、__________、__________。

二、判断题

1. 客户忠诚度越高，保持忠诚的时间越长，酒店的效益也就越好。（　　）
2. 通过常规档案可以了解客人的消费水平、支付能力及消费倾向、信用情况等。（　　）
3. 建立客史档案要坚持"一客一档"，以便查找和记录。（　　）

4. 客史档案的管理主要涉及四方面内容：分类存档、运行管理、定期清理和细节管理。（ ）

5. 客史档案是过往客人的信息，建立之后应该封存起来。（ ）

三、问答题

1. 如何理解客史档案建立的重要性？
2. 建立客史档案的方式及原则有哪些？

任务二　人力资源管理

【任务情境】

随着酒店业的迅速发展，员工有了很大的提升空间。酒店有很多的机会和挑战，可却苦于找不到合适的人选，前厅主管们也很努力地工作，作为部门管理者也尽最大所能去引领他们尽快提升和发展自己，却发现并不是所有人都可以做经理的。拉拉想究竟如何才能让这些慢热的主管们快速成长并在职业生涯中找到自己的一席之地呢？

【任务工单】

任务名称	人力资源管理		
班级		所属小组	第______小组
工作任务	通过参加公司培训，拉拉意识到人力资源管理的重要性，她决定撰写一份人力资源管理实施报告，为酒店的未来发展及人员储备做长远规划		
任务目的	掌握员工招聘的途径；牢记员工招聘的原则；能够顺利完成员工的日常考评与激励		
任务实施要求	（1）掌握人力资源管理的有关知识； （2）小组成员共同完成任务； （3）各个小组积极讨论人力资源管理的有关内容，并撰写人力资源管理实施报告		
任务实施步骤	（1）小组成员分工； （2）查阅资料，掌握人力资源管理的有关内容； （3）小组讨论，撰写人力资源管理实施报告； （4）制作汇报 PPT； （5）课堂汇报，小组互评； （6）教师点评、总结		
任务成果形式	人力资源管理实施报告		

《知识准备》

一、员工招聘

（一）员工招聘的意义

员工招聘是酒店人力资源管理的常规工作，是发现和吸引有条件、有资格、有能力人员的重要途径，并可以填补酒店客房职务的空缺。员工招聘对于酒店的生存与发展具有重要的意义。

（1）招聘有助于改善酒店组织的劳动力量和结构。

（2）招聘可以保障酒店员工充分发挥自身能力，减少不合格或不合适的人员进入组织，减少人员受聘后离开组织的可能性，提高组织和个人的工作效率。

（3）招聘有利于提高酒店的管理工作效率，保证组织落实计划、稳定人员、提高综合效益。

图 4.3 员工招聘

（二）员工招聘的途径

1. 广告招聘

酒店通过当地、全国性或国际性的报纸杂志、广播电视等各种媒体刊登招聘广告，面向社会公开招聘员工（图 4.4）。这一招聘方式是目前酒店业较常用的方法，优点是选择面广、影响力大，在招聘员工的同时也宣传了酒店自身形象和实力，但整个招聘工作所消耗的资金、时间相对较多，所招聘的人员社会背景较为复杂，相当一部分缺乏酒店工作的技能和经验，需要进行相应的职业培训才能够上岗工作。这一招聘方式适合于酒店开业或扩大经营规模时使用。

图 4.4 广告招聘

2. 互联网招聘

酒店在国际互联网上发布招聘信息（图 4.5），吸引世界各地的专业人员，这一方法近年来随着网络电子商务的发展而越来越普及。目前我国大多数网站建立了人才交流专栏，促进用人单位和闲置人才的交流。这一方式的特点是成本低、见效快，应聘人员素质较高，可跨地区、跨国界招聘酒店所需的专门人才，适用于招聘酒店中高层管理人员。通过这一方法招聘来的人才普遍具有较高的知识层次和较合理的年龄结构，能较好地掌握计算机技术和信息技术，有较高的专业技能和管理水平。这是国际酒店业招聘专业人才的主要方法之一。目前，这种做法也在中国酒店人员招聘工作中得到越来越广泛的运用。

图 4.5　互联网招聘

3. 到相关院校招聘

各类相关旅游院校一直是向酒店输送各类人才的主要渠道（图 4.6）。这一来源输送的人员的优点是基本素质较好，可塑性较强，有较高的工作热情，且具有一定的专业知识和专业技能。其缺点是欠缺实践经验和社会经验。但他们在积累了一定的工作经验之后有可能成为酒店的骨干力量。各类院校中，中专和职业学校毕业生由于具有一定的服务技能，上岗后能很快成为熟练工，但如不进一步提高自身的知识结构和知识层次，其长远发展将受到限制；而本科、大专院校毕业生则要摆正自己的位置，从基层踏踏实实干起，不断积累工作经验，就能够在酒店业中有良好的发展前景。但是，对酒店而言，这一招聘途

图 4.6　到相关院校招聘

径也有一定的问题，最大的困难就是院校毕业生的籍贯问题。一般情况下，本地毕业生更受用人单位的欢迎，而外地毕业生需要解决用人指标、户口、人事关系等多方面问题，往往较难被酒店录用。这样一来酒店经常面临两难的选择：当地学生中没有合适的人选，满意的人才偏偏是外地学生。

4. 通过专业机构招聘

通过专门的劳务或人才市场面向社会招聘所需员工。这也是目前酒店业及很多行业招聘员工的主要渠道。同广告和网络招聘相比，这一方式能使招聘者和应聘者直接见面，招聘者可以较全面客观地考察应聘者的综合素质，选拔出符合酒店要求的应聘人员参加面谈和测试，相对节省了大量的资金和时间。同从院校直接招聘相比，通过专门机构可以从各类院校毕业生中招聘适合从事酒店业的人才，而不仅仅局限于有限的几所旅游院校，这就在一定程度上解决了旅游院校毕业生本地人才不足的矛盾。

图 4.7　通过专业机构招聘

5. 同行推荐

直接招聘同行或朋友推荐的人才，这一方法一般用于酒店紧急过渡时期招聘中层以上管理人员（图 4.8）。其优点是所招聘人员在行业内有相当的声望和丰富的管理经验，是酒店管理方面的专家，在非常时期能够迅速将酒店运转带入正轨，同时可信度较高。通过这一途径招聘人员时，招聘者应注意对应聘人员做出客观的评价。

图 4.8　同行推荐

6. 从竞争对手中招聘

通过专门的人事公司或自行运作，利用各种优厚的条件吸引竞争对手或其他公司的人才加盟（图 4.9）。这一做法俗称“挖角”，是一种积极竞争的招聘方式，被各行各业广泛地应用。起初各酒店大多利用私人关系进行运作，近年来则通过专业的人事公司招聘所需的专业人才：酒店将招聘要求告知人事公司，人事公司负责搜集符合条件的人员资料，经酒店审核认可后，再由人事公司安排酒店与招聘目标进行接触，就职位、薪金、福利等相关待遇达成一致，最终完成招聘过程。很多新开业酒店常通过这一途径招聘中高层管理人员。

图 4.9　从竞争对手中招聘

7. 内部选拔

虽然管理者可以从酒店外部招聘优秀人才，但从前厅部或酒店其他部门内部选拔人才仍然是许多酒店招聘人才的重要手段，尤其是各部门各级管理岗位人员的招聘更应该首先考虑从本部门员工中招聘（图 4.10）。内部招聘可以有效地激励员工，提高员工的工作积极性，提高员工对酒店的忠诚度，增强酒店的凝聚力。

图 4.10　内部选拔

内部选拔有其不可替代的优点，但也有一定的局限性，尤其是一些老企业、老酒店的员工和管理人员的思维方式、经营观念、管理方法都存在一定程度的滞后，需要从外部引进一些新思想、新观念、新方法来带动酒店的全面发展。所以，酒店招聘员工应注意内外结合，立足酒店实际，选择最适合的招聘途径，力求收到最好的效果。

（三）员工招聘的程序

1. 确定招聘岗位

各部门各岗位由于人员流动、工作需要，或因对员工工作部门和岗位的调整，造成人员编制不足。各部门各岗位管理人员应根据本部门实际运转的需要，确定空缺的职位和所需招聘人员的数量。

2. 制作招聘广告

招聘广告的内容应包括酒店的简要介绍、应聘者的岗位职责和资格要求，以及应聘者的工资福利待遇等内容。酒店人事部门或前厅部管理者根据工作岗位需要，制定相应的岗位职责，确定该岗位员工应具备的资格。人事部门依据所聘岗位的职责和资格要求制作招聘广告。

岗位职责是对特定工作岗位的工作内容和责任的准确完整的描述，是管理者招聘、培训、考核员工的重要依据，也是应聘者和员工了解工作内容及责任的主要途径。岗位职责通常应包括工作目的、工作职责与内容、工作手段、方法和程序等内容。

资格要求指从事某一特定工作所需的资格和条件，包括年龄、性别、学历、工作经验、特殊技能和性格等多方面的要求。酒店以此为依据决定应聘者是否符合酒店需要，是否可以录用。

3. 发布招聘广告

酒店通过报纸、广播、电视、网络等各种招聘途径对外发布招聘信息，吸引应聘者。招聘广告应主题明确，内容真实，用词简洁通俗，易于让应聘者理解。

招聘广告应明确说明所招聘的具体岗位和对应聘人员的资格要求。如要招聘前厅部接待员，广告中就应明确说明招聘岗位是“前厅部接待员”，应聘人应具备“英语专业大专以上学历”“3 年以上相关工作经验”“熟练使用两门以上外语”等资格和能力。部分高星级合资或外资酒店还选择使用外语发布招聘信息，明确要求应聘人员具备相当的语言能力。

4. 选择合格人选

人事部门及前厅部有关人员共同对应聘资料进行整理和筛选，初步确定基本符合应聘资格的招聘对象。选择的标准通常是看应聘者的个人简历（包括经历、学历、技能等，提供相应证书或证明）是否符合酒店的要求，相关证明文件是否真实。

5. 安排面试

酒店人事部门根据初试选拔出符合酒店招聘要求的应聘人员，然后安排面试的方式、方法以及面试的时间、地点，决定参加面试的人员，做好相应的准备工作，最后通知合格者参加面试，进一步考察应聘者的性格、应变能力及个人综合素质。参加面试的人员一般包括酒店人事部门及相关部门、岗位的管理人员，以考察应聘者是否适合特定工作岗位。例如，酒店前厅部招聘总机话务员，就应由酒店人事部门人员和总机主管共同参加面试；如前厅部同时招聘多个岗位员工，就应由前厅部经理或副经理参加面试。

面试的方式多种多样，有面谈、电话询问，有时还辅之以心理测试和语言能力测试等。国内酒店目前应用较广泛的是面谈，面谈的形式也是多种多样：既可一次考察单个应聘者，也可同时考察多个应聘者，通过比较进行选择。

除直接面谈外，有的酒店还通过电话面谈考察外地应聘者，此方法一般用于招聘较高职位的员工。此外，很多酒店还同时采用书面考试和心理测试来综合考察应聘者。

6. 整理汇总面试结果，安排体检

完成对应聘者的综合测试之后，由参与测试的人员共同评定每个应聘者的综合得分，按一定比例选择成绩优秀者参加体检。由于酒店业属于服务性行业，所有从业人员必须身体健康，无任何传染性及其他不适合服务性工作的疾病，持“健康证”上岗工作。所以面试合格并不等于可以录用，而是必须结合体检结果，才能最后决定是否录用。

7. 录用应聘人员

酒店人事部门和前厅部共同根据面试和体检结果，择优录用面试成绩优秀、身体健康、具有良好的人际沟通能力和高度的敬业精神、能够胜任本职工作、具备良好的发展潜力的优秀人才，并以书面形式通知被录用人员办理录用手续。通知应写清楚被录用人员的报到时间、报到部门、录用岗位等细节，保证被录用者能够及时报到。前厅部员工录用手续及相关事宜一般包括以下内容：确定各项工资福利待遇，签订雇用合同；领取工作服装、名牌工号；安排员工守则和酒店规章制度教育；组织安排新老员工见面，营造良好的企业氛围；组织新员工参观酒店，培养员工的工作自豪感。

以上由酒店人事部门组织实施，前厅部通常还要安排新员工参观前厅部内各主要工作岗位，介绍新老员工相识，帮助新员工尽快适应工作环境。

由于存在管理体制和模式上的差异，各个酒店前厅部的员工录用手续不尽相同，但出发点都是共同的，即帮助员工尽快熟悉新的工作环境，适应新的工作岗位，建立同事间良好的合作关系。

二、员工培训

（一）培训的目的和意义

由于酒店业是劳动密集型的服务型行业，人员素质对酒店经营和运转的意义就尤其重要。前厅部对员工进行周期性培训，其目的主要集中在以下几点：

1. 提高员工服务技能

培训的首要目的是保证员工具备胜任岗位工作所需的服务技能。由于大部分新招聘的初级员工对酒店工作的特点、性质、方法和技能、技巧缺乏必要的了解，酒店人事部门和

前厅部首先要对其进行岗前培训，保证员工掌握基本的工作技能（图4.11）。

图4.11 提高员工服务技能

2. 培养业务骨干

酒店和各部门管理人员对工作表现出色、工作诚恳踏实的优秀员工进行有针对性的系统培训，采取长期外派、短期集中培训等多种方法将这些员工培养成为酒店的业务骨干和后备管理力量。

3. 提高服务质量

培训的最终目的是提高酒店的服务质量、提升宾客的满意度。前厅部根据客人对酒店产品不断变化的需求及整个行业的发展，不断对员工进行培训，促使员工掌握更多、更高的服务技能和手段，提高服务质量，维系酒店在宾客心目中良好的企业形象（图4.12）。

图4.12 提高服务质量

4. 降低经营成本

表面上看，培训增加了酒店的营业支出，而事实上，培训从一定程度上对降低酒店的经营成本起了重要作用。因为培训对经营费用的影响是间接的，表面上不能直接反映出来。但如果仔细观察就会发现这样一种现象：没有经过培训的新员工同经过良好培训的熟练员工相比，工作效率较低、差错率较高。低效率、高差错率对酒店业，尤其对前厅部就意味着客人的高度不满和大量投诉，直接后果就是高额的"纠错"成本，间接损失是客人的不断流失。所以说，员工培训其实在某种程度上是在降低酒店的运营成本。

5. 激励员工

系统的培训不但可以帮助前厅员工掌握多种工作技能，同时也是对前厅员工的有效激励。不断接触新事物，学习新知识，掌握新技能，这些本身就是对员工的挑战。人们总是希望从工作中获益，而不仅仅是付出。员工培训不仅让员工掌握了一些实用的技能，同时也提升了员工的专业素质，为其以后的职业生涯发展奠定了良好的基础。

（二）培训的原则

1. 实用性、合理化

首先，前厅部培训的内容应具有实用性，便于前厅员工在实际工作中运用。培训内容的选择应以本酒店实际情况和前厅各岗位的实际工作需要为依据。其次，培训的计划、时间、方法应合理化，应考虑酒店的正常运转，保证对客服务的顺利完成。

2. 系统性、制度化

前厅部对员工的培训应形成制度，针对每个员工的不同情况制订系统的培训方案和计划，以达到培养业务骨干的目的。培训制度化，一方面，有利于不断提高前厅部员工的业务技能和业务水平，增强员工的业务素质，促进酒店服务水准的稳定和提高；另一方面，有助于调动员工的工作积极性，明确自己在酒店中的发展方向和发展前景，增强员工对酒店发展的信心，增强酒店的凝聚力。系统化的培训，要求培训内容、培训计划具有连续性和计划性，只有这样才能真正有所成效，达到培训目的。

3. 灵活性、多样化

由于酒店各部门的分工较细，工作方式和服务方法各具特色，工作时间也有很大的差异，所以很难组织起长时间的集中培训。各部门的培训方式、方法以及时间安排就具有较大的灵活性和多样性，不能盲目统一。

4. 低成本、高收效

无论选择何种培训方式和方法，都应该尽可能地控制培训成本，包括培训时间、人员及资金的投入，以及对酒店运转和服务质量造成的影响等。

（三）培训的方式和要求

酒店员工的培训方式，按员工在岗情况可划分为岗前培训、在职培训、脱产培训、转岗/晋级培训；按培训形式划分为集中培训、单独培训；按培训内容划分为：一般性培训、专业技能培训、交叉培训。

不论采用何种培训类型或方式，负责实施培训的人员都应具备渊博的业务知识和较高的业务能力，并能够应用有效的培训方法达到培训目的。员工的在职培训通常安排在早中班员工交接班前后，早班提前上岗，中班延迟下班接受培训，时间一般在一小时之内。特殊情况下，如聘请酒店以外人员进行的培训，往往安排在员工工休或工余时间，持续时间也相对较长。酒店外派员工参加的岗前培训和脱产培训大多安排在酒店以外的专门机构或场所进行，而酒店组织的岗前知识和职业道德培训及各部门组织的业务培训基本在酒店内部完成。

培训内容主要包括酒店基本知识，酒店从业人员职业道德，外事接待礼仪，各部门各岗位业务技能、服务程序，各类服务设施、设备的使用与维护，以及语言、计算机操作，消防等涉及酒店服务、管理与运转的多方面综合性展示和技能。

三、员工的日常考评与激励

（一）前厅部员工的工作考评

工作考评的主要目的在于激励员工更好地工作。通过工作考评，有利于发现员工工作中的不足，以采取相应的管理措施，为员工的岗位安排提供依据，同时，也有助于改善员工与管理者的关系。

前厅部对员工考评的依据是酒店《岗位责任书》和《工作说明书》中对该岗位员工的基本要求以及员工对岗位职责的履行情况等。工作考评的内容主要包括被考评者的综合素质、工作态度、工作业绩等。

考评的程序一般包括做好观察与考核记录；填写《工作考评表》进行考评面谈。针对前厅部员工工作中的过失，给予一定的纪律处分，以对员工进行“副激励”，消除或减少工作中的各种过失。通常，根据过失的严重程度和所造成的危害，可细分为“轻微过失”和“严重过失”，并分别给予“口头警告”“书面警告”和“辞退或开除”等不同的纪律处分。

（二）前厅部员工激励

有了考核就应结合一定的手段和奖惩制度来鼓励先进、鞭策后进。只有奖勤罚懒，才能在前厅部树立主动提高业务技能、提高服务质量的风气，真正达到酒店和前厅部培训员工的根本目的。

影响激励作用的因素大致分为内部和外部两大类。其中，内因是个体本身就有的自我驱动力，主要包括个人的需要、愿望、欲望、目标等；外因是影响个体行为的外部工作环境，如工作条件、人际关系、工作本身的挑战性等。

理论是实践的指导，而对理论的应用应实事求是，切忌生搬硬套。在具体工作中，前厅部经理及各级管理人员应注意平时多与员工交流沟通，多观察员工表现，多了解员工心理，多关心员工生活。找准员工的实际需要，应用多种激励方法，以达到激励员工、提高工作业绩的目的。

【任务实施】

学生分小组参观讨论，撰写一份人力资源管理实施报告。

【任务评价】

<table>
<tr><th>序号</th><th colspan="2">考核内容</th><th>考核要点</th><th>应得分</th><th>自评分</th><th>互评分</th><th>教师评分</th></tr>
<tr><td>1</td><td colspan="2">员工招聘</td><td>掌握员工招聘的主要途径</td><td>20</td><td></td><td></td><td></td></tr>
<tr><td>2</td><td colspan="2">员工培训</td><td>掌握员工培训的原则</td><td>30</td><td></td><td></td><td></td></tr>
<tr><td>3</td><td colspan="2">员工的日常考评与激励</td><td>能够顺利进行员工的日常考评与激励</td><td>50</td><td></td><td></td><td></td></tr>
<tr><td colspan="4">总分</td><td>100</td><td></td><td></td><td></td></tr>
<tr><td colspan="2">小组自评</td><td colspan="6"></td></tr>
<tr><td colspan="2">小组互评</td><td colspan="6"></td></tr>
<tr><td colspan="2">教师评价</td><td colspan="6"></td></tr>
<tr><td rowspan="2">小组成员个人得分</td><td>姓名</td><td></td><td></td><td></td><td colspan="3"></td></tr>
<tr><td>得分</td><td></td><td></td><td></td><td colspan="3"></td></tr>
<tr><td colspan="2">说明</td><td colspan="6">小组任务得分＝小组自评×20%+小组互评×40%+教师评价×40%。
小组成员个人得分由小组长和教师根据个人任务完成中的工作情况分配分数。</td></tr>
</table>

案例阅读

10月25日，伍先生打电话给酒店订房处，说："我是你们酒店的一名常客，我姓伍，我想预订10月29~30日的2618号房。"预订员小刘当即查阅了29~30日的预订情况，表示酒店将给他预留2618号房至10月29日18：00。

10月29日15：00，伍先生和他的一位朋友来到前厅，在出示证件要办手续时，接待员小方查阅了预订后说："对不起，伍先生，你没有预订啊？""怎么可能，我们明明在四天以前就预订了。""对不起，我已经查阅了，况且本酒店的2618房间已出租，入住的是一位吴先生，请问您是不是搞错了？""不可能，我预订好的房间，你们也答应了，为什么这么不讲信誉？"接待员小方一听，赶紧核查预订才发现，原来预订员一时粗心把"伍"当成"吴"输入，当有一位吴先生登记入住时，小方认为这就是预订人，随手就把吴先生安排进了2618号房间，接待员小方向伍先生抱歉地说："伍先生实在抱歉，您看这样行不行，您和您的朋友就入住2619号房吧，2619号房间的规格标准与2618号房间完全一样。"伍先生不同意，并且很生气，认为酒店有意欺骗他们，立即向大堂副理投诉。

案例反思：

由于预订员小刘在接受电话订房时疏忽大意，致使客人抵达酒店后不能顺利入住，客人心理得不到满足，从而投诉酒店。作为酒店的服务窗口和神经中枢的接待部门应该吸取教训。

无论是度假、公务旅行还是商务旅行，宾客都渴望有一种愉快的消费经历，这种愉快的经历是培养忠诚顾客最好的土壤。相反，如果客人这次光顾的酒店令他不愉快，必定会影响他以后的入住。

【前厅英语】

Management Skill 管理技巧
Recruit 招聘
Pre-job Training 岗前培训
In-service Training 在职培训
Off-job Training 脱产培训
Promotion Training 晋级培训

课后作业

一、填空题

1. 广告招聘的优点是__________、__________，在招聘员工的同时也宣传了酒店自身形象和实力。

2. 互联网招聘的特点是__________、__________，应聘人员素质较__________。

3. 通过专门的人事公司或自行运作，利用各种优厚的条件吸引竞争对手或其他公司的人才加盟，这一做法俗称“__________”。

4. 酒店员工的培训方式，按员工在岗情况可划分为：__________、__________、__________、__________。

5. 工作考评的内容主要包括被考评者的__________、__________、__________等。

二、判断题

1. 广告招聘可跨地区、跨国界招聘酒店所需的专门人才，适用于招聘酒店中高层管理人员。（ ）

2. 各类相关旅游院校一直是向酒店输送各类人才的主要渠道。（ ）

3. 到相关院校招聘的优点是基本素质较好，可塑性较强，有较高的工作热情，且具有一定的专业知识和专业技能。（ ）

4. 内部招聘可以有效地激励员工，提高员工的工作积极性，提高员工对酒店的忠诚度，增强酒店的凝聚力。（ ）

5. 各部门各岗位管理人员应根据部门成员晋升的需要，确定空缺的职位和所需招聘人员的数量。（ ）

三、问答题

1. 酒店招聘员工的常见途径有哪些？

2. 对员工进行培训的意义表现在哪些方面？

任务三　宾客关系管理

【任务情境】

拉拉正准备下班时桌上的电话铃响了，原来是客房318房间陈先生打来的电话。陈先生语气很急，劈头一句话问得拉拉不知所措："你们还要让我等多久？我现在就退房，你通知总台准备好。"还来不及跟宾客打招呼，陈先生已经把电话挂断了。拉拉一边用手机给宾客打电话，一边迅速朝宾客房间走去。她要弄明白宾客到底发生了什么事儿？但电话一直占线打不进去。

快到318房间时，拉拉碰到了快步赶去318房间的工程部陆师傅。他一边走一边抱怨，今晚他们两个人忙也忙不过来。拉拉一问才明白，原来大概几分钟前，总台打电话给值班工程师，通知他们赶快去318房间。该房间电路跳闸了，宾客正在房间里等待维修。两个维修人员手头都还有活没干完，却不得不放下手头工作，急匆匆赶来。拉拉一下子就明白了。她想，一定是宾客通知了总台，而工程部接到总台电话后未能及时赶到，宾客在房间里等久了，才会发这么大脾气的。拉拉想了想，敲开了318房间的门。

拉拉解决问题的设想是：经宾客同意，可给宾客调换一间高一级档次的客房而房价不变，并给该客房内送上水果、点心，给宾客以VIP待遇。若宾客不愿意换房，可征求宾客意见，在维修期间是否愿意到大堂吧去坐坐，喝些饮料。待房间电路修好后再回房，并给宾客房内送上水果、点心以示歉意，争取得到宾客的谅解。

【任务工单】

任务名称	宾客关系管理		
班级		所属小组	第______小组
工作任务	通过耐心沟通，拉拉终于争取到了陈先生的谅解。经过这件事，拉拉开始思考前厅服务每天都要遇到各种各样的人，如何做好宾客关系管理至关重要。为此，拉拉着手拟定一份正确处理宾客关系手册，以便提升酒店服务质量		
任务目的	掌握与客人沟通的技巧；正确处理客人投诉。		
任务实施要求	（1）明确宾客关系管理的重要性； （2）小组成员共同完成任务； （3）各个小组积极讨论宾客关系管理的有关内容，并拟定一份正确处理宾客关系手册		
任务实施步骤	（1）小组成员分工； （2）查阅资料，掌握宾客关系管理的有关内容； （3）小组讨论，整理宾客关系管理的有关内容； （4）制作汇报PPT； （5）课堂汇报，小组互评； （6）教师点评、总结		
任务成果形式	拟定一份正确处理宾客关系手册		

知 识 准 备

一、掌握与客人沟通的技巧

（一）重视对客人的“心理服务”

酒店为客人提供“双重服务”，即“功能服务”和“心理服务”。“功能服务”满足消费者的实际需要，而“心理服务”就是除了满足消费者的实际需要以外，还要能使消费者得到一种“经历”。从某种意义上讲，客人就是花钱“买经历”的消费者。客人在酒店的经历，其中一个重要的组成部分，就是他们在这里所经历的人际交往，特别是他们与酒店服务人员之间的交往。这种交往质量的高低，常常对客人能否产生轻松愉快的心情，能否带走美好的回忆，起着决定性作用。所以，作为前厅部服务员，只要能让客人经历轻松愉快的人际交往，就是为客人提供了优质的“心理服务”，就是生产了优质的“经历产品”。

作为前厅部服务员，如果只会对客人微笑，而不能为客人解决实际问题，当然不行，也不可能赢得客人的满意。

（二）对客人不仅要斯文和彬彬有礼，而且要做到谦恭、殷勤

斯文和彬彬有礼，只能防止和避免客人不满意，而只有谦恭和殷勤才能真正赢得客人的满意。所谓殷勤，就是对待客人要热情周到，笑脸相迎，问寒问暖；而要做到谦恭，就不仅意味着不能去和客人“比高低，争输赢”，而且要有意识地把“出风头的机会”全都让给客人。如果说酒店是一座“舞台”，服务员就应自觉地去让客人“唱主角”，而自己则唱“配角”。

（三）对待客人，要善解人意

要给客人以亲切感，除了要做“感情上的富有者”以外，还必须善解人意，即能够通过察言观色，正确判断客人的处境和心情，并能根据客人的处境和心情，对客人做出适当的语言和行为反应。

（四）注意语言表达艺术

1. 将反话正说

就是要讲究语言艺术，特别是掌握说“不”的艺术，要尽可能用肯定的语气，去表达否定的意思。例如，可以用“您可以到那边去吸烟”代替“您不能在这里吸烟”“请稍等，您的房间马上就收拾好”代替“对不起，您的房间还没收拾好”。在必须说“不”时，也要多向客人解释，避免用钢铁般的生硬冰冷的“不”字一口回绝客人。

2. 否定自己，而不要否定客人

在与客人的沟通中出现障碍时，要善于首先否定自己，而不要去否定客人。例如，应该说：“如果我有什么地方没有说清楚，我可以再说一遍。”而不应该说：“如果您有什么地方没有听清楚，我可以再说一遍。”

3. 体谅理解他人

体谅他人的艺术，这是与宾客和谐相处，彼此尊重合作的基础。理解他人意味着不要事事只为自己着想，只考虑自己的困难和处境，固执于自己的意见和推理，而应多为客人着想，站在客人的立场和角度观察、思考问题，愿意并善于灵活地做出合理的让步，使客人满意。谅解甚至可以消除语言上的隔阂而收到理想的效果。

图 4.13　注意语言表达艺术

4. 投其所好，避其所忌

客人有什么愿意表现出来的长处，要帮他表现出来；反之，如果客人有什么不愿意让别人知道的短处，则要帮他遮盖或隐藏起来。例如，当客人在酒店“出洋相”时，要尽量帮客人掩盖或淡化，绝不能嘲笑客人。

前厅部的工作主要就是与人打交道，学习心理学，把握顾客心理，这对从事前厅工作大有裨益。人的行为总是由某种本能、动机或推理所激发的。我们要善于预见和掌握客人光顾酒店的需要和动机，善于体察他们的情绪以及获得服务后的反应。世界上没有两个人是绝对相同的，善于掌握客人心理，是服务工作的要诀之一。

待客一视同仁，客人最反感的是受到歧视。不分种族、肤色、贫富、社会地位、衣饰、国籍，一旦进入酒店，就是我们的客人，有权获得同等程度，不受歧视的服务和接待。

二、正确处理客人投诉

客人对服务的需求是多种多样、千差万别的，无论酒店的档次多高，设备设施多么先进完善，都不可能百分之百地使客人满意。因此，客人的投诉是不可能完全避免的。酒店要善于把投诉的消极面转化成积极面，通过处理投诉来促使自己不断提高服务质量，以防止投诉的再次发生。处理投诉的目的是使因客人投诉而造成的危害减少到最低程度，最终使客人满意。

（一）投诉产生的原因与正确认识

1. 投诉产生的原因

（1）对设备设施的投诉。对设备设施的投诉主要是由于酒店的设施设备等未能满足客人的要求，如空调、照明、供水、供暖、供电、电梯等设备的运转和使用等方面出现问题。设施设备是为客人提供服务的基础，一旦出现故障，会使客人对酒店逐渐失去“好感”，服务态度再好也无法弥补。尽管酒店都建立了对各类设备的保养、检查、维修制度，但这只能相对减少酒店设施设备的隐患，而不能杜绝设备故障的发生。处理这类投诉时，应立即通知工程部派人实地查看，视具体情况采取相应措施。同时，还应在问题解决后再次与客人联系，以示对客人的尊重。

（2）对服务态度的投诉。对服务态度的投诉主要是反映服务人员对客服务过程中态度不佳，具体表现为接待过程中待客不主动、语言生硬、态度冷漠、答复不负责等。

图 4.14　对服务态度的投诉

（3）对服务质量的投诉。对服务质量的投诉主要反映接待服务人员违反操作规程，服务效率达不到要求。例如，递送邮件不及时、接运行李不准时、总机叫醒服务疏漏等。减少此类投诉的方法是增强服务人员的服务意识，加强有关处理对客关系的培训，强化服务人员的服务技能，提高酒店的管理水平。

（4）对异常事件的投诉。对异常事件的投诉往往是由于酒店的原因所发生的投诉。例如，客人保证类订房未得到实现，使客人感觉酒店“言而无信”等。这类投诉所涉及的问题，酒店是难以控制的，但客人却希望酒店能够帮助解决。处理此类投诉，应想方设法在力所能及的范围内加以解决，若实在无能为力，应尽力向客人解释，取得客人的谅解。

2. 投诉的类型

（1）理智型投诉。由于受到冷落或受到不礼貌的待遇，客人产生不满情绪，但是客人不会因此而动怒。理智型投诉是客人在比较冷静的情况下提出的投诉，一般是较为合理的要求。理智型的客人表现比较通情达理，只要酒店立即采取改进措施，就容易争取客人的谅解。但如果处理不当，客人就可能会要求酒店赔偿，使事态扩大。

（2）失望型投诉。客人事先预约的服务项目，由于酒店员工的粗心大意而耽误了客人，这种情况会引起客人的失望与恼火。处理这类投诉的有效方法是尽快使客人消气，并立即采取必要的补救措施。

（3）批评性投诉。批评性投诉的特点是客人心怀不满，但情绪相对平静，只是把这种不满告诉投诉对象，不一定要对方做出什么承诺。

（4）建设性投诉。建设性投诉的特点是客人一般不是在心情不佳的情况下投诉的，恰恰相反，这种投诉很可能是随着对酒店的赞誉而发生的。

（5）补偿型投诉。提出补偿型投诉的客人觉得自己的利益受到了损害，言辞较为激烈，其注意力并不集中在酒店能够给予合理的解释，而是希望得到实实在在的补偿。

当然，投诉的性质不是一成不变的，不被理睬的建设性投诉可能会变成批评性投诉，进而发展成为补偿型投诉，或是客人愤然离店，并至少在短期内不再回来。无论哪一种局面出现，对酒店来说都是一种损失。

3. 对投诉的正确认识

前厅服务员应正确认识客人的投诉行为，不仅要看到投诉对酒店的消极影响，更重要的是把握投诉所隐含的对酒店的有利因素，变被动为主动，化消极为积极。正确认识客人投诉，是使投诉得到妥善处理，为酒店挽回声誉，使客人满意而归的基础。

（1）投诉是管理工作质量和效果的晴雨表，是提高服务质量的推动力。为确保酒店产品的整体质量符合要求，无论一线或二线部门，都通过自己的工作与客人产生直接或间接的沟通，是客人心目中的“酒店代表”。从前厅部的行李员、接待员、总机话务员，到客房部的服务员、工程部维修人员、保安部保安员；从餐厅迎宾员、服务员到管事部、洗涤部各岗位人员，他们的工作态度、工作效率、服务质量和效果直接影响到客人投诉行为的产生（图 4. 15）。此外，因为酒店设施和环境的非正常状态而导致的宾客投诉，也在一定程度上反映了酒店管理的低效，暴露了管理工作的漏洞。即使是客人的有意挑剔、无理取闹，酒店也可以从中吸取教训，为提高经营管理质量积累经验，使工作制度不断完善、服务接待工作日臻完美。

图 4. 15　如此打扫

没有批评就难以有飞跃性的提高。客人投诉是使酒店保持稳定的工作质量，不断改进、提高自身工作水平的推动力量之一。

（2）客人直接向酒店投诉，给酒店提供了挽回自身声誉的机会。客人在酒店消费过程中不满、抱怨、遗憾、生气动怒时，可能投诉，也可能不愿去投诉。不愿投诉的客人可能是不习惯以投诉方式表达自己的意见，他们宁愿忍受当前的境况；也可能是认为投诉方式并不能帮助他们解除、摆脱当前的不满状况，得到自己应该得到的。即认为投诉没有用；还有一种可能是怕麻烦，认为投诉将浪费自己的时间，使自己损失更大。

尽管客人没有投诉，但他们会在消费结束后，通过其他途径进行宣泄：或自我告诫，今后不再到该酒店消费；或向亲朋好友诉说令人不快的消费经历。而这一切，都意味着酒店将永远失去这位客人，酒店也没有向客人道歉的机会。向酒店投诉的客人，不管原因、动机如何，都给酒店提供了及时做出补救、保全声誉、改善宾客关系的机会。客人的投诉，给酒店提供了一个使客人由不满意到满意的机会，加强了彼此的沟通，消除了对酒店的不良印象。

（3）投诉有利于酒店改善服务质量，提高管理水平。酒店可以通过客人的投诉，不断发现问题，解决问题，进而改善服务质量，提高管理水平。

（二）处理投诉的原则

客人投诉的原因及目的各不相同。有的客人在遇到不满意时要求在物质上得到一定的补偿以求得心理平衡；有的客人则注重得到精神上的满足，渴望得到酒店的重视和尊重。因此在受理客人投诉的过程中，服务人员应把握以下几个原则。

1. 真心诚意地帮助客人

客人投诉说明酒店的管理及服务工作尚有漏洞，服务人员应换位思考，设法理解投诉客人当时的心情，同情其所面临的困境，并给予应有的帮助。服务人员只有真心诚意地去帮助客人解决问题，才能赢得客人的好感和信任，才能有助于问题的解决。

2. 处理投诉要有一定的依据

结合酒店的实际情况和行业惯例，酒店方面要制定合理、行之有效的有关处理投诉的规定，以便工作人员在日后的投诉处理工作中有所依据。

3. 尽快处理解决客人投诉问题

争取尽快解决客人投诉，以免耽误时间，引起客人更大的不满（图4.16）。一般情况下，服务人员接受投诉后，要马上做出决定，对事态严重的问题要马上决定是否请示上级领导及负责人，并按酒店所确认的投诉受理范围、权限的有关规定上报。

图4.16 尽快解决客人投诉

4. 解决投诉不应在公共场合进行

酒店的公共场合人群繁杂，不利于安抚客人和解决问题；而且会影响酒店正常的对客工作和其他客人对酒店的感受。

5. 处理客人投诉时要保持冷静

当酒店方面同客人发生纠纷，引起客人的投诉时，酒店方面应以礼让为主，主动而积极地改善与客人的关系。酒店工作人员绝不能同客人争辩，即使客人使用过激的语言及行为，也一定要在冷静的状态下同客人沟通。

6. 处理投诉不能转移目标、推卸责任

对于客人的投诉，酒店工作人员应从整体利益出发，不能为保全自己或本部门不受投诉而盲目地随声附和，转移目标，更不能贬低他人，推卸责任。

7. 处理投诉不能损害酒店利益和形象

评价投诉处理结果的好坏，客人站在不同的角度，其标准也不同。处理投诉时应真诚地为客人解决问题，保护客人利益，也要注意保护酒店的正当利益，维护酒店整体形象。不能只注重客人的陈述，讨好客人，轻易表态，给酒店造成损失；更不能顺着或诱导客人抱怨酒店某一部门，使客人对酒店整体形象产生怀疑。对涉及经济问题的投诉，要以事实为依据，具体问题具体研究。仅从经济上补偿客人的损失和伤害并不是解决问题的唯一有效方法。

（三）受理客人投诉的程序

客人投诉一般是指客人将他们主观上认为由于酒店工作的差错而引起的烦恼，或者损害了他们的利益等情况向酒店有关部门、有关人员进行反映。每个酒店都希望向客人提供尽善尽美的服务，使每一位客人满意，但事实上投诉是不可避免的。正确处理好客人的投诉，对于酒店改善服务质量，提高管理水平，增加经济效益具有重要意义。

相对于感到不满而不投诉的客人，客人对酒店服务不满而提出投诉是一件好事。曾有统计资料表明：投诉的客人中，大多数会成为酒店的回头客，因为这些客人虽然认为酒店服务有不足之处，但他们对酒店有信心，相信酒店会改进服务，而绝大多数感到不满而没有投诉的客人往往不会再光临这家酒店。所以，管理者应正确认识和妥善处理投诉事件，把客人投诉视为发现问题、改善服务质量的机会和动力；处理好客人投诉，可消除客人的不满，其本身也是酒店服务质量管理的重要内容。所以，酒店应制定处理服务质量投诉的原则、方法和措施。

1. 做好接受投诉的心理准备

接待投诉客人具有挑战性。酒店管理人员以及服务人员都应该随时做好准备，接受客人的投诉。这就需要掌握处理投诉的程序、方法和艺术。

（1）持欢迎态度。首先要对客人投诉持欢迎态度，把处理投诉的过程作为进一步改进和提高服务和管理水平的机会。实际上受理客人投诉并不是一件愉快的事情，客人之所以投诉，一般是因为客人在接待服务中受到了不公正的待遇。因此，忽视客人的投诉意见，就是忽视了维护客人的利益，因为这是推动、改进和提高服务及管理水平的良机。

（2）树立“客人总是正确的”信念。一般来说，客人投诉，正说明酒店的服务和管理上存在问题。因此，在很多情况下，客人的言行举止有些过分，酒店也应提倡即使客人错了，也要把“对”让给客人，尽量减少酒店与客人之间的对抗情绪，这样有利于缓解双方的矛盾，达到解决问题的目的。

（3）掌握客人投诉的一般心态。著名心理学家马斯洛把人的需要分为五个层次，即生理需要、安全需要、社会需要、尊重需要、自我实现需要。这五种需要在每个人身上不同程度地同时存在，但总有一种需要表现为主要需要。大多数客人到了酒店，“尊重需要”上升为他们最主要的需求。因为客人外出旅游的目的除了陶冶身心、丰富见闻、增添乐趣之外，还需要在受到别人的尊重上得到极大满足。住店客人往往认为，自己花了钱，酒店就应该提供完美的服务，得到各种需要的满足和享受是理所当然的。但现实中酒店确实存在着服务不周的地方，这样就会使客人产生尊重需要难以满足的心理反应，也由此产生不满而投诉。

客人的投诉是由于不满意或一时的气愤所采取的行动，此时的心理反应常常表现出“求尊重、求补偿、求发泄”的心态。因此，前厅服务员在受理客人投诉时，要给客人适当发泄的机会，以示对客人的尊重和理解。客人投诉时的一般心理包括求尊重的心理、求发泄的心理、求补偿的心理。

· 求尊重的心理。求尊重，即客人采取投诉行动，将自己感到不满意的事情说出来，希望酒店认为他们的投诉是对的，并立即采取相应的行动。客人为的是得到酒店的重视，取得店方的同情与尊重。

· 求发泄的心理。求发泄，即客人在碰到令他们烦恼的事情之后，心中的怒气要利用投诉的机会发泄出来，以维持他们的心理平衡。此时，作为投诉接待者最好认真倾听，尽量不插话，绝对不要打断对方的讲话，因为客人诉说事情经过的同时也是发泄的过程，让客人尽情地倾诉，对于平息客人的怨气是十分有益的。

· 求补偿的心理。客人通过投诉，希望酒店承认自己所说的事实是正确的，并要求给予一个明确的表示——这种表示实际上就是酒店所应给予客人的一种补偿，包含精神和物质两个方面，具体采用哪方面的补偿或者两者兼而有之要看具体情况而定。

掌握客人投诉时的心理需求，目的在于使对客人投诉工作的处理更具有针对性和可行性。满足客人投诉心理需求要始终贯穿于处理投诉的全过程。由此可见掌握投诉客人心理需求的重要性。

2. 真心诚意听取客人投诉意见

倾听是一种有效的沟通方式，对待任何一个客人的投诉，不管鸡毛蒜皮的小事情，还是比较棘手的复杂事件，作为接待人员都要保持镇定、冷静，认真倾听客人的意见，要表现出对对方高度的礼貌与尊重。接到客人投诉时，要用真诚、友好、谦和的态度，全神贯注地聆听，保持平静，虚心接受，不要打断客人，更不能反驳与辩解。

（1）保持冷静的态度，设法使客人消气。处理投诉只有在“心平气和”的状态下才能有利于解决问题。因此，在接待投诉客人时，要冷静、理智，礼貌地请客人坐下，再倒一杯水请他慢慢讲。此时重要的是让客人觉得你很在乎他的投诉，耐心地听客人投诉。这样做一方面是为了弄清事情的真相，以便恰当处理；另一方面让客人把话说完，以满足他们求发泄的心理。听取客人的投诉时，不要急于辩解，否则会被认为是对他们的指责和不尊重。另外，工作人员要与客人保持目光交流，身体正面朝向客人以示尊重。先请客人把话说完，再适当问一些问题以求了解详细情况。说话时要注意语音、语调、语气及声音的大小。

（2）同情和理解客人。当客人前来投诉时，工作人员应当把自己视为酒店的代表去接待，欢迎他们的投诉，尊重他们的意见，并同情客人，以诚恳的态度向宾客表示歉意，注意不要伤害宾客的自尊。对客人表示同情，会使客人感到你和他站在一起，从而减少对抗情绪，有利于问题的解决。例如，工作人员可以说："这位先生（女士），我很理解你的心情，要是我可能会更气愤。"

（3）对客人的投诉真诚致谢。尽管客人投诉有利于改进酒店服务工作，但由于投诉者的素质水平、投诉方式不同，难免使接待者有些不愉快。不过假设客人遇到不满的服务，他不告诉酒店，而是讲给其他客人或朋友听，这样就会影响到酒店的声誉。所以当客人投诉时，酒店不仅要真诚地欢迎，而且还要感谢客人。

3. 记录投诉要点

在认真听取客人投诉的同时要认真做好记录（图 4.17）。一方面表示酒店对他们投诉的重视，另一方面也是酒店处理问题的原始依据。记录包括客人投诉的内容、时间、客人的姓名等。尤其是客人投诉的要点，讲到的一些细节要记录清楚，并适时复述，以缓和客人情绪。这不仅是快速处理投诉的依据，也为以后服务工作的改进做铺垫。

图 4.17　记录投诉要点

4. 立即行动，及时采取补救或补偿措施，并征得客人同意

客人投诉最终是为了解决问题。因此对于客人提出的投诉，不要推卸责任，而应区别不同情况，积极想办法解决，在征得客人同意后做出恰当处理。为了避免处理投诉时，自己陷入被动局面，不要把话说死，一定要给自己留有余地，也不要随便答应客人自己权限之外的某种承诺。

（1）对一些明显是酒店方面的过错，就应马上道歉，在征得客人同意后做出补偿性处理。

（2）对一些较复杂的问题，不应急于表态或处理。而应礼貌、清楚地列出充分的理由说服客人，并在征得客人同意的基础上做出恰如其分的处理。

（3）对一时不能处理好的事，要注意告诉客人将采取的措施和解决问题的时间。

5. 追踪检查处理结果

主动与客人联系，反馈解决问题的进程及结果。首先要与负责解决问题的人共同检查问题是否已获得解决。当知道问题确实已获得解决时，还应询问客人是否满意。如果不满意，还要采取额外措施去解决。

（1）宾客尚未离开酒店，而且发生的问题比较明显了，确实属于店方责任，服务员及主管或经理要当面向宾客道歉，并给予一定的补偿，达到让宾客满意的目的。

（2）宾客虽然还未离开酒店，但发生的问题暂时不能立刻做出处理决定，遇到这种情况时，一定要让宾客了解问题解决的进展程度，赢得宾客的谅解，这样可以避免宾客产生其他误会。

（3）宾客已经离开酒店，店方要想方设法同宾客取得联系，采取补救方法以挽回影响。如果无法与宾客进行联系，服务员要将宾客的投诉报告上级并记录在案，制定有效措施防止再发生类似问题。

6. 及时上报，归类存档

把投诉中发现的问题、做出的决定或是难以处理的问题，及时上报主管领导，征求意见。不要遗漏、隐瞒材料，尤其涉及个人自身利益时，更不应该有情不报。这样便于酒店采取改进措施，考虑客人的建议性意见，改善酒店管理与服务工作。并将整个处理投诉的过程加以汇总，归类存档，为今后的投诉处理方法提供借鉴，也可据此改进酒店的服务与管理。同时可以把案例作为培训内容，以改进员工的服务质量。

7. 投诉统计分析

处理完投诉后，前厅服务员，尤其是管理人员应对投诉产生的原因及后果进行反思和总结，并进行深入的、有针对性的分析，定期进行统计，从中发现典型问题产生的原因，以便尽快采取相应措施，不断改进、提高服务质量和管理水平。

为了更好地处理客人的投诉，酒店管理者、服务人员不但要掌握网上处理客人投诉的方法，还应加强对客人投诉工作的管理。同时，还要教育员工兢兢业业、毫不懈怠地寻找酒店、部门和本人的潜在问题，将一切可能的投诉消灭在萌芽状态。只有这样，才能不断提高酒店的社会效益和经济效益。

在处理客人投诉的过程中，应该注意掌握一些要点与技巧，这将更有利于问题的解决。无论在何种场合，都不要匆忙做出许诺；不应该对客人投诉采取“大事化小，小事化了”的态度，应该用“这件事情发生在您身上，我感到十分抱歉”之类的语言来表示对投诉客人的特殊关心；在与客人交谈的过程中，注意用姓名称呼客人；可以把客人投诉的要点记录下来，这样，不但可以使客人讲话的速度放慢，缓和客人的情绪，还可以使其确信酒店对他反映的问题是重视的；要充分估计解决问题需要的时间，最好能告诉客人具体的时间，不能含糊其辞。投诉多种多样，如果能够掌握技巧，善于应变，对圆满解决问题是十分有帮助的。

此外，在处理投诉的过程中还可能遇到一些特殊情况。有些投诉的问题是没法解决的，如果酒店对客人投诉的问题无能为力，酒店应尽早对所存在的问题给予承认，通情达理的客人是会接受的。例如，酒店重新装修，工程噪声等无法避免地给客人带来了不便，客人投诉量大增，酒店采取了大量的补偿措施，让客人明白酒店已经尽力了，多数客人能够表示理解并给予合作。

【任务实施】

学生互相讨论，拟定一份正确处理宾客关系手册。

【任务评价】

序号	考核内容	考核要点	应得分	自评分	互评分	教师评分
1	掌握与客人沟通的技巧	能够顺利与客人沟通，掌握沟通技巧	20			
2	正确处理客人投诉	明白客人投诉的意义，正确处理客人投诉	30			
3	拟定一份正确处理宾客关系手册	手册内容规范、实用性强	50			
总分			100			
小组自评						
小组互评						
教师评价						
小组成员个人得分	姓名					
	得分					
说明	小组任务得分=小组自评×20%+小组互评×40%+教师评价×40%。 小组成员个人得分由小组长和教师根据个人任务完成中的工作情况分配分数					

案例阅读

一天早上，下榻在某大酒店的一位中国香港客人来到大堂总台收银处结账。他操着一口粤语对服务员说："小姐，1406 房结账。""好的，先生，请把您的钥匙牌或房卡让我看一下。"服务员小田礼貌地回答。哦，我没有带在身上，不可以结账吗？客人显得有点不耐烦。"请问先生，您的姓名？"小田接着又问。客人不悦道："结账还用问姓名？"小田耐心解释说："因为我们需要核对一下姓名，以防搞错引起麻烦。"客人很不情愿地报了自己的姓名。小田迅速地打出账单，客人掏出皮夹拿钱。同时，小田又对客人叮嘱了一句“顺便说一下，您的客房钥匙牌用完后请送到收款台”。谁知客人听后，顿时怒火冲天，收起钱来，大声嚷嚷：“你们酒店怎么这么麻烦，给钱不要，还唠叨个没完，我不付款了。”他嘴里还冒出几句粤语，似在骂人，扭头就往电梯处走。

正在值班的大堂副理闻声立即赶到电梯口，把客人请回来，对他说：“先生，请息怒，有什么意见尽管提，我们立即解决，但钱……”客人却指着小田的鼻子说：“她不道歉，我就不付款。”此时，小田已是满腹委屈，实在难以启齿道歉，双方僵持不下，引起了服务台前客人们的围观。怎么办？大堂副理迅速地思考了一下，便跟小田轻声说了几句，小田听了点点头，强忍着几乎快要掉下的眼泪，对客人说了声“对不起”。客人这才付了钱，扬长而去。

案例反思：

大堂副理对这一突发事件的处理比较积极稳妥。首先当客人从收款台愤愤离去不愿付款时，他及时赶到，把客人请回去解决问题。他马上想到酒店的利益不能受损失，尽管客人情绪过激，也要在事发的萌芽状态想方设法让客人付款。其次，大堂是酒店的门户和窗口，当客人有点不近情理地要求服务员先道歉再付款而形成僵局时，他当机立断，做工作请小田委曲求全，从而打破僵局，恢复了总台的工作秩序，这一做法无疑也是必要的。

【前厅英语】

Guest Relation 宾客关系

Complaints 客人投诉

Sorry. I'm so very sorry about that one. 抱歉，对此我非常抱歉。

Sorry for the inconvenience. 抱歉，给您添麻烦了。

Your good advice was very much appreciated. 非常感谢您的宝贵建议！

Thank you very much for your attention and kindly advice! 感谢您的关注和建议！

课后作业

一、填空题

1. 酒店为客人提供的“双重服务”是指“__________”和“__________”。
2. 对客人不仅要斯文和彬彬有礼，而且要做到__________、__________。
3. 在对客交流中，要讲究语言艺术，要尽可能用__________的语气，去表达__________的意思。
4. 投诉产生的原因包括：对__________的投诉、对__________的投诉、对__________的投诉和对异常事件的投诉等。
5. 随着对酒店的赞誉而发生的投诉是指__________。

二、判断题

1. 我们应该坚持原则，对于客人说错做错的事情要据理力争，绝不妥协。（ ）

2. 待客要一视同仁，不分种族、肤色、贫富、社会地位、衣饰、国籍。（ ）

3. 客人投诉的影响对酒店是不利的，所以我们要杜绝客人的投诉。（ ）

4. 酒店可以通过客人的投诉，不断发现问题，解决问题，进而改善服务质量，提高管理水平。（ ）

5. 当客人向前台接待员投诉房内设备故障时，应该建议客人去找工程部。（ ）

三、问答题

1. 如何建立良好的宾客关系？

2. 与客人沟通的技巧有哪些？

任务四　服务质量管理

【任务情境】

有一位客人来到总台，在办理入住手续时向服务员提出房价七折的要求。按酒店规定，只向住房在六次以上的常住客人提供七折优惠。这位客人声称自己也曾多次住店，服务员马上在计算机上查找核对，结果没有发现这位客人的名字，当服务员把查找结果当众道出时，这位客人顿时恼羞成怒。此时正值酒店入住登记高峰时期，由于他的恼怒、叫喊，引来许多不明事由的客人好奇的目光。

拉拉看到后，赶忙过来礼貌地向客人说明情况，安抚客人的情绪。事后，拉拉开始反思酒店应该让管理更规范，只有当一切事务都制度化时才能更有说服力。

【任务工单】

<table>
<tr><th>任务名称</th><th colspan="3">服务质量管理</th></tr>
<tr><td>班级</td><td></td><td>所属小组</td><td>第______小组</td></tr>
<tr><td>工作任务</td><td colspan="3">拉拉妥善处理客人的不满后，开始意识到：只有一切事务都制度化时，才能够提升酒店整体的服务质量。为此，拉拉决定撰写一份提升酒店前厅服务管理质量意见书</td></tr>
<tr><td>任务目的</td><td colspan="3">意识到前厅服务质量的重要性；了解前厅服务质量的主要内容、特点；严格遵守酒店服务质量标准</td></tr>
<tr><td>任务实施要求</td><td colspan="3">（1）明确前厅服务质量管理的有关内容；
（2）小组成员共同完成任务；
（3）各个小组积极讨论前厅服务质量管理的有关内容，并撰写一份提升酒店前厅服务管理质量意见书</td></tr>
<tr><td>任务实施步骤</td><td colspan="3">（1）小组成员分工；
（2）查阅资料，掌握前厅服务质量管理的有关内容；
（3）小组讨论，撰写一份提升酒店前厅服务管理质量意见书；
（4）制作汇报 PPT；
（5）课堂汇报，小组互评；
（6）教师点评、总结</td></tr>
<tr><td>任务成果形式</td><td colspan="3">撰写一份提升酒店前厅服务管理质量意见书</td></tr>
</table>

《知 识 准 备》

前厅服务质量，是指酒店前厅服务活动满足规定的显性需要和潜在的隐性需要的能力的总和。前厅服务质量高低也就是指服务工作满足被服务者需要的程度。

酒店前厅为宾客所提供的服务，包括服务设施、服务态度、服务项目、服务方式等。能否满足宾客的共性需求和自我需求，能否得到宾客的表扬和赞赏，是衡量酒店前厅服务质量优劣的重要标志。宾客满足程度越高，则前厅的服务质量就越好。因此，对服务的提供者而言，分析宾客的需求是一项十分重要的工作。在分析宾客的需求时，酒店前厅不仅要分析其明确的、规定的显性需求，还要分析其潜在的隐性需求。

一、前厅服务质量的主要内容

就前厅而言，服务质量主要包括服务程序、设施设备质量，服务水平和环境氛围四个方面。

（一）服务程序

服务程序是前厅各项基本服务（如客房预订、前厅接待，问询留言、行李服务，收发传真等）的正确操作规程和操作步骤。服务程序规范了服务人员的服务行为，确保了宾客无论何时入住酒店都能享受同等的服务。

许多酒店根据客观实际情况不断调整服务程序，弥补原有程序中存在的缺陷和漏洞。例如，几乎所有酒店前厅接待程序中都要求接待员必须请宾客预先交纳一定的预付保证金并当面签署“住房卡”，这一程序要求就是为了减少出现宾客“逃账”的可能性，保证酒店的利益不受损失。

（二）设施设备质量

酒店是利用设施设备为宾客提供服务的，它是酒店的硬件部分，是服务质量的物质基础，也是宾客评价酒店服务质量的首要内容。

就前厅而言，不同的酒店，大堂的差别很大，设施设备的多少也不一样，因而所能提供的服务项目就不一样，所能满足宾客需要的程度也就会有差别；不同材料、不同设备装修的大堂，其功能、舒适程度差别也会很大，因而宾客的感受也就会有好有差。所以我们说，优良的服务质量，离不开高档豪华、保养完好、运转正常的设施设备。

（三）服务水平

酒店的服务是由酒店服务员为宾客提供的，服务员服务水平的高低是服务质量的主体，是衡量酒店服务质量好坏的重要内容。它包含以下几个方面。

1. 服务态度

良好的服务态度是做好服务的关键，它能使宾客产生亲切感，有宾至如归的感觉。一名优秀的服务员对客服务一定要做到主动、热情、耐心、细致、周到。

2. 礼貌礼节

礼貌礼节，是服务水平最基本的要素。良好的礼貌礼节，能使宾客产生好的印象，也是酒店服务员文明的标志。

礼貌礼节包括服务员的仪容仪表和言谈举止两个方面。端庄大方的仪容仪表，自然得体的言谈举止是做好服务工作的基本要求。

3. 服务技能

服务技能，是服务质量的基础。它包括服务技术和服务技巧两方面。

服务技术如办理住、离店手续，接听电话等，它们往往都可以用速度标准、质量标准和数量标准来衡量。

服务技巧指的是在不同场合、不同时间，针对不同的服务对象而灵活做好服务接待工作，取得良好效果的能力。如针对宾客投诉问题，就应根据不同的对象，采取灵活的方式进行处理。

（四）环境氛围

环境气氛，是前厅服务质量的重要组成部分。大堂的环境气氛是由建筑、装饰、陈设、设施、灯光、声音，颜色以至员工的仪表仪容等因素组成的。这种视觉、听觉印象对宾客的心情感受影响很大，宾客往往把这种感受作为评价酒店质量优劣的依据。因此，大堂必须十分注意环境气氛的设计与布置，让宾客感到安静、舒适、愉快。

二、前厅服务质量的特点

前厅服务所需要的人与人、面对面、随时随地提供服务的特点，以及前厅服务质量特殊的构成内容，使其质量内涵虽与其他部门有许多相同之处，但也有着自己的特点。

（一）构成的综合性

前厅服务质量的构成，包括有形的设施设备质量、服务环境质量、实物产品质量，又包括无形的劳务服务质量等多种因素，且每一因素又有许多具体内容，贯穿于前厅服务的全过程。其中，设施设备、实物产品是前厅服务质量的基础，服务环境、劳务服务是表现形式，而宾客满意程度则是所有服务质量优劣的最终体现。它既涵盖了衣食住行等人们日常生活的基本内容，也包括办公、通信、娱乐、休闲等更高层面的活动。

前厅服务质量构成的综合性特点要求管理者树立系统的观念，把前厅服务质量管理作为一项系统工作来抓，多方搜集服务质量信息，分析影响质量的各种因素，特别是可控因素，既要抓好有形产品的质量，又要抓好无形服务的质量，不仅做好自己的本职工作，还要顾及其他部门或其他服务环节，更好地督导员工严格遵守各种服务或操作规程，从而提高前厅部的整体服务质量。正如人们平时所说的“木桶理论”（图 4.18），一只由长短不一的木条拼装而成的木桶，它的盛水量，取决于最短的那根木条的长度。

因此前厅服务质量应该有自己的强项和特色，但不能有明显的弱项和不足，否则就要影响服务质量的整体水平。

图 4.18　木桶理论

（二）评价的主观性

尽管前厅服务质量水平基本上是客观存在的，但由于前厅服务质量的评价是由客人享受服务后根据其物质和心理满足程度进行的，因而带有很强的个人主观性。客人的满足程度越高，他对服务质量的评价也就越高，反之亦然。管理者不能无视客人对前厅服务质量的评价，否则，将失去客源，失去生存的基础。酒店也没有理由要求客人必须对服务质量做出与酒店的认识相一致的评价，这实际上也是无法办到的，更不应指责客人对前厅服务质量的评价存在偏见，尽管有时确是种偏见，但偏见有时恰恰反映了客人的某种需求。因此，前厅部员工应在服务过程中通过细心观察，了解并掌握客人的物质和心理需求，不断改善对客服务，为客人提供有针对性的个性化服务，并注意服务中的每一个细节，重视每次服务的效果，用符合客人需要的服务来提高客人的满意程度，从而提高并保持前厅服务质量。正如一些酒店管理者所说的，“我们无法改变客人，那么就根据客人的需求改变自己吧”。

（三）显现的短暂性

前厅服务质量是由一次一次内容不同的具体服务组成的，而每一次具体服务的使用价值均只有短暂的显现时间，即使用价值的一次性，如微笑问好、办理入住登记手续、问询、结账等。这类具体服务不能储存，一旦结束，就失去了其使用价值，留下的也只是客人的感受。因此，前厅服务质量的显现是短暂的，往往是一锤定音，事后很难弥补，如果通过服务后调整，也只能是另一次的具体服务。即使客人对某一服务感到非常满意，评价较高，并不能保证下一次服务也能获得好评。因此，管理者应督导员工做好每一次服务工作，争取每一次服务都能使客人感到非常满意，从而提高整体服务质量。

（四）内容的关联性

客人对前厅服务质量的印象，是通过他进入酒店直至离开酒店的全过程而形成的。在此过程中，客人得到的是前厅部各岗位员工提供的一次次具体的服务活动，这些具体的服务活动不是孤立的，而是有着密切的关联，因为在连锁式的服务过程中，只要有一个环节的服务质量有问题，就会破坏客人对酒店的整体印象，进而影响其对整个酒店服务质量的评价。这就要求前厅部的各服务过程、各服务环节之间协作配合，并做好充分的服务准备，确保每项服务的优质、高效，确保前厅服务全过程和全方位的“零缺点”。

（五）对员工素质的依赖性

前厅接待服务主要以服务人员的手工劳动操作为主，这与客房、餐饮服务有着很大的区别。客房服务质量多表现在房间设施性能状况、卫生清洁程度、用品齐全与否等方面；餐饮服务质量多取决于用餐环境、菜肴质量等方面。前厅服务质量是在有形产品的基础上，通过员工的劳务服务创造并表现出来的，更大程度取决于一次次面对面的瞬间对客服务，前厅服务质量这种创造和表现能满足宾客需求的程度，取决于服务人员的素质高低和管理者的管理水平高低。所以，前厅服务质量对员工素质有较强的依赖性。良好的服务意识、丰富的专业知识、娴熟的服务技巧，是提供优质服务的根本保证。

由于前厅服务质量的优劣在很大程度上取决于员工的即时表现，而这种表现又很容易受到员工个人素质和情绪的影响，具有很大的不稳定性。所以，管理者应合理配备、培训、激励员工，努力提高员工素质，发挥他们服务的主动性、积极性和创造性，同时提高自身素质及管理能力，从而培训出满意的员工（图 4.19）。满意的员工是满意客人的基础，是不断提高前厅服务质量的前提。

图 4.19 努力提高员工素质

（六）情感性

前厅服务质量还取决于客人与酒店之间的关系。关系融洽，客人就比较容易谅解酒店的难处和过错；而关系不和谐，则很容易导致客人的小题大做或借题发挥。因此，前厅服务人员在接待服务中，与客人的情感沟通和融合，是服务质量形成过程中不可忽视的内容。通常所说的“想客人所想，急客人所急”，实际上就是服务人员能否从客人的角度来考虑自己的工作行为。这种思维方式，就是在维护客人与酒店的利益，是“个性服务”“亲情服务”及“超值服务”的具体体现，是培养“忠诚顾客”的良好时机，是值得提倡的职业技能和技巧。可以说，在前厅接待服务中，提供具有情感色彩的服务是前厅服务员应该努力追求的目标。

三、酒店服务质量的标准

（一）酒店的服务标准

酒店服务标准化是指在标准意识的指导下，建设和形成酒店规范化的管理制度、统一的技术标准，并以此对服务岗位的工作项目、程序与预定目标进行设计，并培训人员，从而向酒店产品的消费者提供统一的、可追溯的和可检验的重复服务。

无形服务的质量标准主要是看服务效率及服务效果。服务效率是使无形服务有形化，是提供优质服务的保证条件，而服务效果是无形服务质量标准的最终要求。

酒店服务质量标准包含了三个基本部分：一是宾客要求便是服务质量，宾客满意便是服务标准（图 4.20）；二是服务质量的程序标准；三是服务质量的检测标准。

图 4.20　宾客满意的服务

酒店服务标准可分为以下几种。

（1）技术标准：包括产品及原材料标准，菜肴质量标准，服务设备、设施标准，卫生标准，环境质量标准，各种服务操作规程、服务规范等。

（2）工作标准：包括部门工作标准和工作规范。这些标准和规范规定了部门和岗位的职能、职责、权限、领导关系、工作内容、工作程序及工作质量要求等。

（3）管理标准：分为质量管理标准和专业管理标准两部分。专业管理又可分为人力资源管理、财务管理、卫生管理、安全保卫管理等若干类别，每个类别包含若干标准。

（二）服务标准的作用

在酒店的服务中，很多工作和任务都是常规性的。这些工作和任务较容易设立详细的规范和标准并且能够有效实施。服务人员也乐于掌握有助于提高效率工作的规范和标准，因为这样可以使其抽出更多的时间和精力去做更具有个人特色的、独立的事情，也更能满足顾客的个性化服务需求。酒店要把顾客的需求转化为员工表现的目标和行为的准则。

服务质量的好坏主要受服务标准的影响，这些标准用于评价和弥补服务质量。因此，要想通过向顾客提供更高质量的服务，使酒店盈利，就一定要走现代化、标准化、精细化、规范化的道路，而精细化管理的核心就是标准化。管理者应使酒店服务的每一个过程、每一个环节都有标准，并严格按标准操作。标准可向服务提供人员显示什么是管理中最为重要的准则以及哪些行为真正有意义。当服务标准不具体或采用的标准不能反映顾客期望时，顾客感受到的服务很可能是非常糟糕的。顾客定义的标准与大多数服务工作中定义的常规活动标准不同。顾客定义标准以关键性顾客需求为基础，其需求面向顾客并由顾客衡量。设立这些标准不是为满足企业的生产力或效率的需要，而是为了满足顾客的期望和优先权。当标准准确反映顾客期望时，顾客得到的服务质量就可能加强。因此，当顾客驱动的服务标准被适当开发并得到有效执行时，它们将在缩小顾客服务体验与顾客期望之间的差距、强化顾客感知质量上，发挥强大而积极的作用。

服务标准是酒店规范化服务的必要条件，而服务规范化的程度会影响顾客对服务的期望水平，顾客期望的服务是评价服务质量的基点。期望水平的高低会影响顾客对服务绩效的评价，从而影响顾客感知服务质量的高低。

【任务实施】

学生互相讨论，撰写一份提升酒店前厅服务管理质量意见书。

【任务评价】

<table>
<tr><th>序号</th><th colspan="2">考核内容</th><th>考核要点</th><th>应得分</th><th>自评分</th><th>互评分</th><th>教师评分</th></tr>
<tr><td>1</td><td colspan="2">前厅服务质量管理的主要内容</td><td>精准掌握前厅服务质量管理的主要内容</td><td>20</td><td></td><td></td><td></td></tr>
<tr><td>2</td><td colspan="2">前厅服务质量的特点</td><td>了解前厅服务质量的特点</td><td>30</td><td></td><td></td><td></td></tr>
<tr><td>3</td><td colspan="2">酒店服务质量的标准</td><td>牢记酒店服务质量的标准</td><td>50</td><td></td><td></td><td></td></tr>
<tr><td colspan="4">总分</td><td>100</td><td></td><td></td><td></td></tr>
<tr><td colspan="2">小组自评</td><td colspan="6"></td></tr>
<tr><td colspan="2">小组互评</td><td colspan="6"></td></tr>
<tr><td colspan="2">教师评价</td><td colspan="6"></td></tr>
<tr><td rowspan="2">小组成员
个人得分</td><td>姓名</td><td></td><td></td><td></td><td colspan="3"></td></tr>
<tr><td>得分</td><td></td><td></td><td></td><td colspan="3"></td></tr>
<tr><td colspan="2">说明</td><td colspan="6">小组任务得分＝小组自评×20%+小组互评×40%+教师评价×40%。
小组成员个人得分由小组长和教师根据个人任务完成中的工作情况分配分数</td></tr>
</table>

案例阅读

与酒店有订房协议的某公司王先生于9月25日入住某酒店，房价为协议价每晚388元/间。因生意上的谈判不是很顺利，王先生在酒店多住了几天。10月8日，王先生到前台结账，当收银员将王先生的账单打印好递到王先生手中时，王先生脸上的笑容立即转为不悦的表情，他指着账单上10月1日~3日的3晚房价问收银员："为什么这3天的房价是588元?"收银员解释说这3天是法定节日酒店有特殊的房价政策，与平时是两样的。王先生本来对酒店的服务是相当满意的，自从今年1月份与酒店签订了协议后，他每个月至少有10天在酒店消费。他对收银员说："我在你们酒店住了这么长时间，也算是老客户了，你们还要在节假日按普通散客门市价给我房，真是岂有此理。如果你们一定要按此价执行，我大不了以后不再住你们酒店。"收银员见状不知如何解释，只好把大堂副理找来。

案例反思：

如遇特殊时期或特殊情况，酒店应事先通知客人，同时可考虑在显眼位置放提醒标记。销售部在签订协议时，必须考虑到特殊时期酒店的房价政策。酒店应注重长远利益，对常客、贵宾可根据客人的住宿频率、长短，在价格的执行上做灵活处理。

【前厅英语】

Information 问询

Executive Floor 行政楼层

We can hold your reservation for three days. 您的预订我们可以保留三天。

I'd like to know whether you are satisfied with our service. 请问您对我们的服务质量是否满意?

I hope you have a good time in our hotel. 希望你在我们酒店度过美好的时光。

Our house boasts a noble ambience and a family atmosphere. 我们酒店拥有高档的环境和家庭般的氛围。

课后作业

一、填空题

1. 酒店前厅为宾客所提供的服务，包括________、________、________、________等。

2. ________是酒店的硬件部分，是服务质量的物质基础，也是宾客评价酒店服务质量的首要内容。

3. 服务技能，是服务质量的基础。它包括________和________两方面。

4. 礼貌礼节包括服务员的__________和__________两个方面。

5. 前厅服务质量的特点有：__________、__________、__________、__________、对员工素质的依赖性、情感性。

二、判断题

1. 能否满足宾客的共性需求和自我需求，能否得到宾客的表扬和赞赏，是衡量酒店前厅服务质量优劣的重要标志。 （　　）

2. 优良的服务质量，跟高档豪华、保养完好、运转正常的设施设备没有关系。 （　　）

3. 一名优秀的服务员对客服务一定要做到主动、热情、耐心、细致、周到。 （　　）

4. 前厅服务质量的显现是短暂的，往往是一锤定音，事后很难弥补，所以我们要做好每一次服务工作，争取使每一次服务都能使客人感到非常满意。 （　　）

5. 前厅服务质量对员工素质有较强的依赖性。良好的服务意识、丰富的专业知识、娴熟的服务技巧，是提供优质服务的根本保证。 （　　）

三、问答题

1. 前厅服务质量的内容有哪些？

2. 如何提高前厅服务质量？

模块小结

作为前厅部员工，在对客服务工作中应不断提高职业技能水平。服务质量的提高，质量观念是前提。服务质量意识已成为酒店管理者必须具有的一种观念。这就要求酒店的服务人员首先要有积极的服务态度。服务态度、服务技能、服务效率及管理制度是酒店人员管理、经营管理、服务质量管理的核心准则，是保障酒店良好运营，给客人提供优质服务的法典。服务质量的好坏，管理水平的高低，最为关键的因素是要造就一批有高度质量意识、服务意识，对质量工作高度负责的管理人员队伍，这是保证酒店服务质量优质的灵魂。本模块主要从客史档案管理、人力资源管理、宾客关系管理、服务质量管理四个方面，对提升服务质量进行阐述。

模块练习

一、填空题

1. 客户的常规档案包括__________和散客档案。

2. __________是客史档案中最重要的内容。

3. __________是用专门印上各项须填写的客史内容，并按字母顺序编号的正规档案卡做成的客史档案卡。

4. __________是客史档案有效运行的基础和保证。

5. __________是酒店人力资源管理的常规工作，是发现和吸引有条件、有资格、有能力人员的重要途径，并可以填补酒店客房职务的空缺。

二、不定项选择题

1. 客史档案的功能包括（　　）。

   A. 有利于增强酒店的创新能力　　B. 有利于提升酒店的服务品质

   C. 有利于提高酒店的经济效益　　D. 有利于提高酒店的工作效率

   E. 有利于塑造酒店的显性品牌

2. 服务水平包含（　　）。

   A. 服务态度　　B. 礼貌礼节　　C. 服务技能

3. 酒店服务标准可分为（　　）。

   A. 技术标准　　B. 工作标准　　C. 管理标准

4. 酒店员工的培训方式，按员工在岗情况可划分为（　　）。

   A. 岗前培训　　B. 在职培训

   C. 脱产培训　　D. 转岗/晋级培训

5. 训内容主要包括（　　）。

   A. 酒店基本知识　　B. 酒店从业人员职业道德

   C. 各部门各岗位业务技能　　D. 消防安全

三、简答题

1. 建立客史档案最常见的方式有哪些？
2. 酒店招聘员工的常见途径有哪些？
3. 对员工进行培训的意义表现在哪些方面？
4. 前厅服务质量的特点有哪些？
5. 如何正确处理客人投诉？

四、案例分析题

深夜一点，有一位女士来电要求转3115房间。话务员立即将来电直接转入了3115房间。第二天早晨，大堂经理接到3115房间孙小姐的投诉，说昨晚的来电不是找她的，她的正常休息因此受到了干扰，希望酒店对此做出解释。大堂副理经过调查，了解到该来电要找的是前一位住3115房的客人，他已于昨晚9点退房离店了。孙小姐是快12点时才入住的，她刚洗完澡睡下不久，就被电话吵醒了。

谁知一波未平，一波又起。原住3115房的王先生紧接着也打来了投诉电话，说昨晚他太太打电话来找他，由于话务员不分青红皂白就将来电接了进去，接电话的又是一位女士，引起了太太的误会。王先生说此事破坏了他们的夫妻感情，如果不给他一个圆满的答复，他一定会进行投诉，而且今后他公司的人都不会再入住此酒店。

问题：

面对两位客人的问题，大堂副理应该怎样处理？

参考文献

[1] 胡世伟，汪东亮. 前厅服务与管理［M］. 北京：北京理工大学出版社，2017.
[2] 邓俊枫，前厅服务与管理［M］. 北京：清华大学出版社，2021.
[3] 曾清，前厅服务与管理［M］. 成都：西南交通大学出版社，2015.
[4] 张建国，酒店服务与管理［M］. 北京：高等教育出版社，2021.
[5] 沈晨仕，酒店前厅服务与管理［M］. 北京：中国人民大学出版社，2021.